PROFISSÃO
E VOCAÇÃO

Dados Internacionais de Catalogação na Publicação (CIP)
(Câmara Brasileira do Livro, SP, Brasil)

Grün, Anselm
  Profissão x vocação : quando é preciso escolher ou ter coragem para mudar / Anselm Grün, Stefan Müller ; tradução de Paulo Ferreira Valério. – Petrópolis, RJ : Vozes, 2016.

  Título original : Zeit für Veränderung : Berufung und Beruf im Eiklang
  ISBN 978-85-326-5227-0

  1. Autoconhecimento 2. Carreira profissional 3. Orientação vocacional 4. Profissões – Aspectos psicológicos I. Müller, Stefan. II. Título.

16-00990 CDD-158.6

Índices para catálogo sistemático:
1. Orientação profissional : Vocação : Psicologia aplicada 158.6

Anselm Grün | Stefan Müller

PROFISSÃO E VOCAÇÃO

Quando é preciso **escolher** ou ter **coragem** para mudar

TRADUÇÃO DE
PAULO FERREIRA VALÉRIO

VOZES
NOBILIS

© 2014, by Vier-Türme GmbH-Verlag, Münsterschwarzach

Título do original em alemão: *Zeit für Veränderung – Berufung und Beruf im Eiklang*

Direitos de publicação em língua portuguesa:
2016, Editora Vozes Ltda.
Rua Frei Luís, 100
25689-900 Petrópolis, RJ
www.vozes.com.br
Brasil

Todos os direitos reservados. Nenhuma parte desta obra poderá ser reproduzida ou transmitida por qualquer forma e/ou quaisquer meios (eletrônico ou mecânico, incluindo fotocópia e gravação) ou arquivada em qualquer sistema ou banco de dados sem permissão escrita da editora.

Diretor editorial
Frei Antônio Moser

Editores
Aline dos Santos Carneiro
José Maria da Silva
Lídio Peretti
Marilac Loraine Oleniki

Secretário executivo
João Batista Kreuch

Editoração: Maria da Conceição B. de Sousa
Diagramação: Sheilandre Desenv. Gráfico
Capa: igmais Comunicação Integrada
Ilustração de capa: © Csaba Peterdi | Shutterstock

ISBN 978-85-326-5227-0 (Brasil)
ISBN 978-3-89680-912-4 (Alemanha)

Editado conforme o novo acordo ortográfico.

Este livro foi composto e impresso pela Editora Vozes Ltda.

SUMÁRIO

Prefácio, 7
STEFAN MÜLLER

1 Profissão, 15
. ANSELM GRÜN

2 Pausa para o caminho certo, 25
STEFAN MÜLLER

3 Mudança e conversão, 31
ANSELM GRÜN

4 O histórico de minha vida não pode ser encontrado em currículo para emprego, 33
STEFAN MÜLLER

5 Balanço pessoal e profissional provisório, 37
STEFAN MÜLLER

6 A trilha da vida, 45
ANSELM GRÜN

7 Olhando o passado – O que influenciou meu comportamento no trabalho?, 53
STEFAN MÜLLER

8 De onde vem a ideia de querer fazer algo completamente diferente?, 59
STEFAN MÜLLER

9 O que se esconde por trás de meus desejos e sonhos?, 69
ANSELM GRÜN

10 Quem sou eu? – Descobrir em mim a imagem de Deus, 75
ANSELM GRÜN

11 Fiz muita coisa – Pequenos e grandes êxitos como
espelho das capacidades pessoais, 81
STEFAN MÜLLER

12 Quadro geral de minhas preferências e aversões, 93
STEFAN MÜLLER

13 Quais características marcam minha personalidade? –
Como isso se mostra?, 99
STEFAN MÜLLER

14 Como as pessoas de meu círculo mais íntimo me veem?, 107
STEFAN MÜLLER

15 Autoconhecimento, 121
ANSELM GRÜN

16 Fatores da personalidade – Minhas marcas para toda a
vida?, 125
STEFAN MÜLLER

17 Postura comunicativa – O íntimo parentesco entre
palavra e ação, 131
STEFAN MÜLLER

18 Dizer, discursar, falar, 137
ANSELM GRÜN

19 Gestão de pessoas – Alegria e peso ou espelho de meu
poder?, 141
STEFAN MÜLLER

20 Olhar para frente – Entre continuidade e reorientação, 149
STEFAN MÜLLER

21 Orientação e oração, 165
ANSELM GRÜN

22 Despedida, 171
STEFAN MÜLLER

23 Reorientação, 181
ANSELM GRÜN

PREFÁCIO

Stefan Müller

Não faz muito tempo, o arco de profissões possíveis a um indivíduo era, de muitas maneiras, limitado. Havia certo número de profissões manuais e uma divisão bastante impressionante dos cursos universitários que se podiam selecionar. Também havia uma porção de condicionantes: restrições regionais, capacidades limitadas das instituições de educação, apertos financeiros, pretextos dos pais, a própria atividade estudantil como obrigação, e assim por diante. Certas profissões tinham boa reputação e eram consideradas "seguras", e outras eram socialmente menos valorizadas. Havia concepções específicas de gênero, possibilidades e limites de acesso relacionados à idade, e clara distribuição de papéis na família.

Hoje, quando um jovem precisa escolher uma profissão, vê-se diante de uma quase incontável variedade de ofertas. A mobilidade tornou-se mais fácil, as propostas e as diversas formas de educação possibilitam o ritmo e os tempos do desenvolvimento pessoal. Contudo, mais uma vez um estudo demonstra que a grande maioria dos estudantes ainda provém de famílias acadêmicas. O acesso à maior parte das instituições de ensino privadas mais bem-equipadas é, como sempre, dependente do bolso dos pais, e a pressão familiar para a sucessão na própria empresa ainda persiste em alguns lugares, constituindo-se, às vezes, à primeira vista, uma solução confortável.

Em compensação, está praticamente desaparecido o acordo social informal que um empregador só se separa de um bom colaborador quando este "foge com o ouro". De igual modo, aquelas empresas que durante décadas eram consideradas como confiantes empregadoras, bem como aqueles setores nos quais se podia modelar com calma toda uma vida profissional, hoje oferecem apenas uma parceria temporária. Ademais, hoje em dia os perfis ocupacionais vêm e vão em ciclos mais breves, enquanto o desenvolvimento tecnológico exige uma qualificação que é temporária, pois, em seguida, torna-se novamente supérflua. A internacionalidade, de um lado, força uma adaptação a rituais e a culturas, além de abertura para desafios completamente novos; de outro lado, porém, exorta à percepção e à conservação da própria identidade. Qualidades e qualificações ganham ou perdem importância; durante algum tempo, a experiência parecia secundária, mas recentemente readquire maior importância.

Orientação profissional significa também, na maioria dos casos, a escolha de uma direção que de muitas maneiras se desenvolve ao longo da vida, mas que também pode mudar totalmente. Com isso, a reorientação profissional tornou-se algo normal em nossa vida.

Há pouco tempo dizia-me uma conhecida que a maioria de seus amigos com idade entre o fim dos 20 e metade dos 30 anos via sua atividade apenas como emprego temporário, de modo algum como meta profissional ou até mesmo como realização pessoal. Ela dizia isso – ela própria em busca – com expressão de profundo pesar.

Em um ambiente de imprevisibilidade, torna-se sempre mais importante encontrar o próprio caminho e descobrir a ocupação que proporcione satisfação interior e confira à vida um sentido plenamente pessoal.

Quem pode ajudar-me a encontrar essa profissão, essa vocação, da qual fala Padre Anselm Grün, essa tarefa, perfeitamente adequada para mim, aqui, agora e para o tempo previsível, essa competência essencial, que é mais do que um emprego temporário, que me faz um pouco mais independente do julgamento dos outros, que me dá a convicção de trazer em mim algo valioso e de poder criar algo valioso?

Quem ajuda um estudante a escolher a escola que vai seguir de tal maneira que não apenas as notas sejam determinantes? Quem ajuda o egresso escolar na correta formação? Quem ajuda o diplomado a encontrar "seu" campo acadêmico? E quem ajuda o graduado a conseguir a profissão adequada, na empresa certa, isto é, no ambiente certo?

Quem se permite fracassar ao menos uma vez, quem admite uma reorientação em uma empresa? Ou quem ajuda outra pessoa a encontrar um posto melhor, idealisticamente, o lugar certo, precisamente agora?

Aquele que coloca seu destino profissional nas mãos de circunstâncias exteriores e se deixa determinar por elas; quem compreende o desenvolvimento pessoal profissional como se alguém já o fosse desenvolver em algum lugar; quem entrega sua carreira profissional "*ao* mercado de trabalho", que é, por assim dizer, compreendido como superpoder fatídico, e que não existe assim de modo tão abrangente... dificilmente pode chegar ao lugar que lhe convém.

A palavra "carreira" é definida no dicionário como "corrida bem-sucedida"; nós mesmos assumimos a reinterpretação como "carreira hierárquica de longos anos em uma empresa". Aqui também não deveríamos considerar os padrões dos que perseguem seus próprios interesses. Precisamente a pergunta sobre o que é, para mim, uma "corrida bem-sucedida", faz parte do âmbito da própria responsabilidade. E o que era adequado em uma fase da vida pode estar superado na próxima fase, ou mediante circunstâncias exteriores ou justamente também através do próprio desenvolvimento interior.

Este livro pretende ajudar você a desviar os olhos dos fatores externos e a encontrar o próprio caminho. Para isso, são úteis três perguntas:

- Quem sou eu?
- O que posso?
- O que quero?

Neste livro, você irá se deparar várias vezes com essas perguntas no âmbito da definição de sua orientação profissional e pessoal.

Somente quando essas perguntas forem respondidas claramente é que tem sentido refletir sobre oportunidades e caminhos no mercado, e desenvolver estratégias de mercado no próprio negócio.

Se, neste livro, com mais frequência, se fala de mercado externo, fora da própria empresa, a maioria das indicações, porém, é transferível a uma mudança profissional interna. Muitas vezes observo que as mudanças e reorientações internas não são preparadas nem realizadas com a mesma seriedade e com a mesma preocupação que as externas. Isso é uma grande falha, pois tais solicitações também obedecem a padrões típicos e se deparam com reações humanas semelhantes. Por fim, trata-se da pergunta sobre como se podem tomar decisões, como devem ser vividos a despedida e o recomeço, e o que deve ser observado em um novo ambiente de trabalho nos primeiros dias e meses.

Você pode atravessar todas as fases sozinho. A experiência mostra, porém, que uma auto-observação imparcial é um empreendimento bastante difícil. Portanto, pergunto a meu companheiro, aos meus pais, a parentes ou a amigos. No entanto, precisamente pessoas próximas e bem-intencionadas de nosso ambiente sempre perguntarão se uma mudança, de nossa parte, não poderia também ter um efeito sobre elas mesmas e sobre seu ritmo de vida. Dependendo do modo como elas avaliam esse efeito é que nos darão seu conselho. Nem sempre (unicamente) conforme nosso interesse.

Por conseguinte, vale a pena em determinadas fases da vida, em mudanças de caminho, em reorientações e em becos sem saída – também eles pertencem à vida – ter ao lado um conselheiro que, de modo profissional e neutro, olhe para nossos pensamentos, sentimentos e ideias, e, sem complicação, nos ajude a descobrir e seguir nosso próprio caminho. Ou talvez também apenas desfazer, com você, alguns nós que surgiram no decorrer do tempo ou no trabalho com este livro.

Talvez você se pergunte agora se não é uma concepção demasiado ideal ser a pessoa certa, no tempo certo, no lugar certo. Talvez você tenha feito ou teve de fazer concessões frequentemente? Sim, há várias influências que nem sempre podemos prever ou incluir; assim, de fato, é nossa vida. Contudo, vale a pena trabalhar para viver em paz consigo mesmo e com sua missão. Em todo caso, uma frase vem bem a calhar: "Somente quem conhece o ótimo pode assumir bons compromissos!" Neste sentido, desejo-lhe muita alegria na busca do melhor de si na profissão e na vocação.

1
PROFISSÃO

Anselm Grün

Antes de você pensar a respeito de sua profissão ideal e de sua vocação, gostaria de desenvolver algumas ideias a propósito do nexo entre profissão e vocação. Com efeito, a própria raiz de ambas as palavras mostra que existe uma íntima relação entre profissão e vocação. Você não deve simplesmente escolher uma profissão, mas a profissão para a qual você se sinta chamado.

Em alemão, a palavra profissão (*Beruf*) vem de chamar (*rufen*). Originalmente significa: convocar alguém, chamar para a reunião, nomear para uma função. Em sua tradução da Bíblia, Martinho Lutero utilizou a palavra convocar (*berufen*) e missão (*Beruf*) quando se trata do chamado de Deus dirigido a uma pessoa. A pessoa é convocada para algo; ela é chamada a desempenhar uma tarefa, uma incumbência. Lutero compreendeu a palavra missão não apenas como chamamento de Deus, mas também como função e condição da pessoa no mundo. Esse duplo significado ainda hoje vigora na língua alemã. Na verdade, alguns consideram como profissão apenas o emprego. Contudo, nesta palavra ainda ressoa que, à minha profissão, eu sou chamado. Em caso contrário, fala-se do "emprego", do trabalho ocasional, da ocupação ou do lugar que alguém ocupa em uma empresa. O emprego serve para ganhar dinheiro. Por outro lado, a profissão corresponde à minha vocação interior.

Profissão vem de chamar. Deus chama as pessoas. O ser humano não está simplesmente entregue a si mesmo. Por sua própria natureza, é um ser vocacionado. Deus chama-o para que responda, e a resposta é dada com sua existência. Às vezes a profissão é uma resposta ao chamado de Deus. Toda profissão tem a ver com vocação. Quem ama sua profissão, sente-se chamado a ela como operário, médico, terapeuta, enfermeira. Na Igreja, falamos de profissões clericais para indicar a vocação para a vida religiosa ou para o sacerdócio. Quem quer ser padre, só pode sê-lo se sentir-se chamado por Deus para isso.

Contudo, em cada ser humano emerge um chamado de Deus. Tal chamado não é sempre audível como palavra. Com frequência se trata de um chamado silencioso, mas que não cessa. Deus chama-nos mediante serenos impulsos de nosso coração, por meio de sentimentos de coerência e de vivacidade interior. Ali, onde brotam em mim amplidão e liberdade, onde meu coração é preenchido com amor e paz, percebo o chamado de Deus. Esse chamado, porém, deseja ser ouvido e compreendido.

Muitos gostariam de saber para o que Deus os chamou. Indagam sobre o chamado de Deus, mas não o escutam nem o compreendem. Nós próprios não podemos provocar o chamado. É preciso disposição para ouvir, mas o chamado surge, é sempre graça. E nesse chamado devemos distinguir bem se o chamado provém do próprio superego ou realmente de Deus. Na tradição espiritual existe o exercício do discernimento dos espíritos. Ele é particularmente importante no caso da vocação e da profissão. Quando o chamado provém do próprio superego, conduz à sobrecarga, pois sou levado a pensar que teria sido chamado a algo grande. Entretanto, tal vocação corresponde antes à própria mania de grandeza, à ambição ou ao perfeccionismo. Quando o chamado vem de Deus, ele sempre produz paz, liberdade, vivacidade e amor.

A Bíblia denomina os cristãos de "chamados". Deus chama-nos para fora do mundo a fim de que, como fiéis, sigamos nosso caminho. Jesus, porém, também destina pessoas individuais para segui-lo. Quando ele vê Simão e André, junto ao mar, a lançar suas redes, Ele os chama: "Venham, sigam-me! Farei de vocês pescadores de homens" (Mc 1,16). Ambos deixam tudo o que possuem, sua profissão, sua família, e seguem a Jesus.

Simão e André são simples pescadores, que apenas possuem redes, lançadas constantemente à água. Depois desses dois, Jesus vê Tiago e João, ambos filhos de Zebedeu, sentados no barco preparando as redes. Ambos são socialmente mais elevados. Eles têm – poder-se-ia modernamente dizer – uma frota de pesca. Jesus chama ambos. Para Ele, a origem social não conta. Simão, o mais pobre e socialmente inferior, mais tarde é colocado no cume do grupo dos discípulos. Não importa a que origem social pertençam as pessoas: elas devem seguir Jesus.

O que isso significa para nós? Devemos seguir nossa voz interior mais íntima. Jesus fala-nos em nosso verdadeiro eu; a essa voz, frequentemente muito serena, é que devemos obedecer. E ainda outra coisa é importante: Jesus muda a profissão dos pescadores. Eles devem tornar-se pescadores de homens; o que eles aprenderam e dominam devem agora empregar em outra esfera: devem pescar pessoas. Desse modo, assim como eles anteriormente esperavam pacientemente pelos peixes, a fim de apanhá-los, assim agora devem ouvir as pessoas quando elas estiverem prontas para seguir seu anseio mais íntimo. Eles devem conduzi-las por esse caminho do anseio e da fé.

Transpondo essa passagem bíblica para nossa vida, penso no entusiasmo que sentimos por uma profissão quando criança. De minha parte, sempre desejei ser pedreiro; outro queria ser maquinista; certa mulher, professora. Não precisamos abraçar concretamente tais profissões, mas na fascinação infantil por elas, mostra-se algo essencial, algo que corresponde à nossa natureza. Para mim, pois, como adulto, seguir o chamado de Jesus significa seguir a imagem que se oculta nessa profissão; ao mesmo tempo, porém, devo inseri-la em meu contexto atual. Não me tornei pedreiro; contudo, para mim é importante construir algo. Como celeireiro, busquei construir uma nova atmosfera em nosso trabalho em comum; em meus livros, procuro, com palavras, erguer uma construção na qual as pessoas se sintam em casa, na qual se saibam compreendidas e entrem em contato consigo mesmas e com a sabedoria de suas almas.

O homem que queria ser maquinista também não o foi, mas o fascínio de poder mover algo se impôs: ele fundou uma empresa e se move muito por esse mundo. A mulher que, quando criança, queria ser professora, não chegou a sê-lo, mas a paixão de contribuir com algo para os outros e fazer desabrochar algo nos outros permaneceu nela como gerente de recursos humanos de uma grande empresa.

Isso é o que Jesus quer dizer quando chama os pescadores para serem pescadores de homens. Aquilo que nos interpelou quando criança, Jesus quer transformar em uma vocação concreta, que nem sempre precisa corresponder ao que queríamos, concretamente, como crianças.

O Evangelho de João mostra-nos outro aspecto importante da vocação. No primeiro capítulo, João descreve como se dá a vocação dos primeiros discípulos. Ali, não é o próprio Jesus quem chama os discípulos; ao contrário, são sempre outras pessoas que indicam jovens a Jesus. João Batista olha para Jesus e para seus próprios discípulos e diz: "Eis o Cordeiro de Deus" (Jo 1,36). Como quer que se possam compreender tais palavras, os discípulos ficam curiosos e seguem a Jesus. Este se volta e lhes pergunta: "O que vocês estão buscando?" Eles lhe dizem: "Mestre, onde moras?" Ao que Jesus respondeu: "'Venham e vejam'. Então eles foram com Ele e viram onde morava, e permaneceram aquele dia com Ele" (Jo 1,38s.). Eles querem ver onde Jesus mora e como vive. Quando estão convencidos a respeito de Jesus, eles procuram seus amigos e os remetem a Jesus.

O chamado de Deus, portanto, passa por outras pessoas que nos entusiasmam por algo. Nós próprios, no entanto, devemos fazer nossa experiência. Precisamos observar como é esse Jesus, se vale a pena segui-lo. É bom passar um dia inteiro junto a esse Jesus, a fim de averiguar se sua proximidade nos faz bem. João fala da hora décima. Dez é o número da totalidade. Por conseguinte, devemos ver se, mediante o seguimento, tornamo-nos plenos e sadios, se em nossa vocação descobrimos ou realizamos a plenitude da vida.

Assim também para nós, bastante frequentemente acontece a vocação. Eis que um jovem se entusiasma com seu pároco e pode imaginar seguir o mesmo caminho; ou uma jovem é estimulada por uma freira a interessar-se por essa vocação. Ou ainda, um pai, operário ou agricultor, convenceu interiormente seu filho de que essa é também sua vocação. Deus chama com frequência através de pessoas; chama-nos a atenção para nossas próprias capacidades. Nós, porém, devemos sempre auscultar-nos e perguntar-nos: Esse chamado que ouço quer levar-me a algo que me é imposto ou, ao contrário, à minha vocação específica, ao caminho no qual posso desenvolver tudo o que Deus me concedeu? É preciso sempre um tempo de discernimento até que possamos reconhecer qual é nosso chamado. Os discípulos também passaram um dia inteiro junto a Jesus e viram exatamente que tipo de pessoa Ele era e o que brotava dele. E experimentaram se lhes convinha permanecer com Ele e segui-lo. Eles descobriram que Jesus preenchia seu anseio mais profundo. Certa mulher sempre quis assumir a concessionária de seu pai; contudo, quando a havia assumido, experimentou em si resistência interior. No diálogo comigo, tornou-se-lhe claro que ela queria por demais corresponder às expectativas de seu pai. Ela precisou livrar-se das expectativas do pai a fim de poder administrar a concessionária de modo tal a corresponder à sua natureza, à sua vocação. Os discípulos só podem seguir a Jesus se eles, através dele, entrarem em contato com seu próprio íntimo, com sua natureza, com sua vocação.

João mostra-nos ainda outro aspecto da vocação. Filipe anuncia a Natanael; este, porém, hesita e duvida. Jesus encontra-o e reconhece sua natureza íntima; sente o que se oculta nesse homem (cf. Jo 1,47-50). E essa experiência de que Jesus, ali – como se fosse o novo empregador –, sente qual é a natureza desse homem e quais possibilidades já existem nele, dá a Natanael a confiança de que é correto seguir o chamado de Jesus. Às vezes, precisamos de outras pessoas que vejam em nós as capacidades que até agora não nos demos conta, que sintam em que profissão podemos desenvolver o potencial que Deus nos concedeu.

O que as histórias bíblicas de vocação querem dizer à nossa própria profissão é que não basta simplesmente existir e assumir o primeiro emprego que aparece. Fomos chamados por Deus para algo. A dignidade do ser humano consiste em que Deus o chama, designa-o a expressar algo neste mundo, algo que só pode ser expresso por meio dele: imprimir neste mundo sua marca vital absolutamente pessoal. Não devemos simplesmente assumir um trabalho, mas sempre perguntar-nos se isso corresponde à nossa vocação. Devemos animar nossa profissão, mas só o conseguimos quando a ela nos sentimos chamados.

Obviamente, nem todo posto de trabalho corresponderá à nossa mais íntima vocação. Nossa vocação também não fica absorvida em nossa profissão. Na condição de pai ou de mãe, de amigo ou amiga, como ser humano, talvez me sinta chamado a encorajar outros a viver, a infundir uma coragem que traga alegria a esse mundo. O chamado que Deus nos dirige constitui nossa dignidade. Somos chamados a irradiar algo nesse mundo, algo que provém de Deus, algo que Deus gostaria de fazer irradiar nesse mundo somente através de nós. A fim de compreender essa vocação e para encontrar a profissão que corresponde à nossa vocação, é preciso uma boa auscultada na própria história de vida, de nossos anseios, dos impulsos suaves que sentimos em nosso interior.

2

PAUSA PARA O CAMINHO CERTO

Stefan Müller

Costumamos dizer que somos pessoas em constante movimento. Em nossa sociedade, fala-se muito de mobilidade espiritual e espacial. Alguns se queixam de que jamais descansam e, no entanto, orgulham-se disso. Constatamos mudanças em nosso ambiente e as sentimos como enriquecimento ou ameaça. Observamos ou criamos o progresso, mas com gosto abafamos o fato de que ele também muda nosso próprio ponto de vista.

Não faz muito tempo que o final do expediente, o fim de semana ou as férias eram uma autêntica parada no trabalho cotidiano. Um apelo à esfera privada de um colega de trabalho só era pensável em situações profissionais extremamente urgentes e importantes. Mais tarde, independentemente do espaço, tornamo-nos "alcançáveis" com o telefone celular e, por fim, perseguiram-nos também os e-mails – inicialmente no computador doméstico. Há relativamente pouco tempo, têm chegado até nós os e-mails no celular e, com esse passo, cresceu enormemente a expectativa de uma resposta em curto prazo. Enquanto os interlocutores da Ásia gostariam de obter nossa resposta pela manhã, os clientes dos Estados Unidos prefeririam no final da tarde.

Silenciosa e sorrateiramente, esferas da vida e suas fronteiras começaram a desaparecer, para, finalmente, desfazerem-se completamente, para algumas pessoas. O que justamente ainda era um símbolo de *status* e sinal de importância especial, tornou-se sempre mais uma ininterrupta demanda mental. E não é por acaso que aumentem rapidamente, em tempos recentes, enfermidades psíquicas, depressões e casos de esgotamento.

Então, poder-se-ia levantar a pergunta: Por que tantas pessoas "deixam que isso lhes aconteça"? De um lado, experimento muita ansiedade em relação à existência, não raro para além dos fatos objetivos, mas também, de modo todo especial, um medo de perder o *status* social e material alcançado. Outra percepção é o sentimento de uma insolúvel dependência e determinação de fora, que levam sempre a mais esforços e empenho no trabalho, a fim de fazer jus às expectativas parcialmente desumanas e, por fim, obter gratidão e reconhecimento. A isso, muitas vezes está ligada a esperança de obter auto(estima) e importância "de fora". Tanto maior é, pois, a decepção, quando resulta que a pessoa foi usada como meio para um fim, que a dignidade e a estima pessoais estão ausentes, e a pergunta "Onde fica a gratidão?" não encontra nenhuma resposta.

Aparentemente, de repente somos confrontados com a necessidade de nossas próprias mudanças de rumo. E, infelizmente, com frequência, somente então o assim chamado grau de aflição desencadeia uma consideração sistemática do *status quo*.

Contudo, nunca é cedo demais para investir tempo nos próprios assuntos e fazer uma análise cuidadosa. Precisamente, pois, quando, sem motivos profissionais prementes, sem ameaça financeira imediata, sem sinal de advertência da saúde, posso colocar-me na busca de minha vocação, tomo decisões especialmente soberanas e tranquilas.

Entretanto, não importa que você se encontre na fase da dúvida se circunstâncias exteriores forçam a uma reorientação profissional e/ou pessoal, ou se você pode lidar com esse problema de modo bem sereno: antes de mais nada, queremos dar-lhe o conselho de aceitar-se tal como você é!

De um lado, há resultados revolucionários da pesquisa genética que podem mudar decisivamente nossa mundivisão até agora. A noção de inalterabilidade de nossos genes é justamente contestada: os cientistas dizem que nós mesmos podemos acionar um "interruptor" em nossos genes, vale dizer, que acontecimentos individuais e desenvolvimentos de longo prazo podem levar a uma alteração. O campo relativamente novo da *epigenesia* oferece-nos, por outro lado, algumas surpresas, de como modelos de comportamento teimoso são conservados ao longo de gerações na família e continuam ativos até na geração dos netos e bisnetos. Com isso, eles confirmam também os achados oriundos das correspondentes composições da família original e da família atual. E percebemos que nossos filhos desenvolvem sua personalidade bastante cedo, e educação pode significar ou a descoberta e a promoção de predisposições existentes, ou sua repressão. Dá o que pensar o fato de que gêmeos que foram separados imediatamente depois do nascimento e que cresceram em situações completamente diferentes, em lugares diversos, depois de trinta anos mostrem modelos de comportamento idênticos. Quando, portanto, digo a uma pessoa adulta: "Você deve mudar", não pode estar subentendida aí sua estrutura de nascimento.

Naturalmente existe a possibilidade de treinar formas de conduta. No caso, porém, é preciso distinguir entre um modo soberano de lidar com a própria personalidade, bem como com o desenvolvimento de uma consciência para o impacto de determinadas palavras e atos, de um lado, e, de outro, com a tentativa de erguer uma fachada que contradiz a autenticidade pessoal. Em todo caso, no cotidiano, principalmente sob estresse, novas formas de comportamento raramente têm existência duradoura quando não brotam da própria convicção interior e, ao mesmo tempo, não são regularmente praticadas, ou seja, repetidas.

Em primeira linha, o objetivo deste livro consiste em ajudar você a descobrir suas diversas capacidades e características predominantes, isto é, tornar-se consciente e, em seguida, agregar uma atividade que possibilite um desenvolvimento pleno e um trabalho bem-sucedido, proporcionando-lhe, assim, satisfação duradoura na profissão. Disso faz parte, inseparavelmente, um ambiente humano ao qual você se adapte de modo especial.

E, naturalmente, depende também do arranjo organizacional, que reflete suas perspectivas e desejos.

Se, portanto, inicialmente, nós nos dedicamos a seu passado e ao seu caminho até hoje, é para que você possa aprender para o futuro – de um lado, para evitar falhas; de outro, para a continuação de seu sucesso.

3
MUDANÇA E CONVERSÃO

Anselm Grün

Hoje, ser moderno é mudar constantemente. As empresas empreendem continuamente processos de mudança e de reestruturação. E os indivíduos são igualmente de opinião que eles precisam mudar incessantemente. Contudo, conheço diversas pessoas que há anos encontram-se em processo de mudança, mas permanecem sempre as mesmas. A razão é que, segundo elas, deveriam ser pessoas completamente diferentes. Na ideia de alteração, oculta-se algo agressivo: luto contra mim mesmo a fim de ser totalmente diverso.

A resposta cristã à mudança é conversão, que é mais branda. Ela diz: tudo o que existe, pode existir. Dignifico-me como me tornei. Todavia, sinto que o essencial ainda não veio à tona. A imagem singular que Deus idealizou para mim, minha natureza mais íntima, deveria resplandecer através de tudo o que sou e me determina. Não devo ser totalmente outra pessoa, mas tornar-me o que verdadeiramente estou destinado a ser, o que corresponde à minha mais profunda vocação.

O arquétipo da conversão é a história bíblica da Transfiguração. Sobre a montanha, durante a oração, brilhou repentinamente a verdadeira natureza de Jesus, seu esplendor divino, através de sua face. Às vezes, na oração, também chegamos a entrar em contato com nossa verdadeira natureza. Então sentimos como um lampejo, como uma clara luz. Eis que, de repente, por um momento, temos clareza do que somos. Essa experiência é repetidamente obscurecida pela névoa do cotidiano, mas deveríamos confiar nessa experiência interior.

4
O HISTÓRICO DE MINHA VIDA NÃO PODE SER ENCONTRADO EM CURRÍCULO PARA EMPREGO

Stefan Müller

Quase todos que já se candidataram a um emprego conhecem algumas regras do jogo do currículo "oficial". No entanto, existem outras. O objetivo dessas regras deve ser sempre mostrar uma imagem possivelmente positiva da carreira pessoal e profissional. Quem já se candidatou mais vezes e aprendeu a apresentar de modo "perfeito" seu currículo, corre o risco de sucumbir a essa apresentação "aplainada" e abrandar decisões erradas, insucessos e retrocessos.

Não vamos discutir aqui esse "prospecto de venda" em causa própria e sua apresentação oral. Em vez disso, procure aqui suas sensações, avaliações, lembranças e decepções entre as linhas.

Antes de mais nada, considere que há pessoas que marcaram consideravelmente seu desenvolvimento pessoal. Na maioria das vezes, seus pais e o restante dos membros de sua família desempenharam um papel preponderante (positivo e/ou negativo), mas também amigos e inimigos; modelos e exemplos desencorajadores, formadores de opinião e desmancha-prazeres têm longa influência na tomada de decisão de uma pessoa.

A propósito, não é absolutamente o caso de que todos, a todo o tempo, possam decidir livremente. Apertos econômicos e financeiros – por exemplo, a necessidade precoce de contribuir para a renda familiar –, laços regionais e pessoais ou obrigações como a profissão do cônjuge, o acesso restrito à oferta de escola e cultura sob os aspectos geográficos ou de conteúdo, entre outros, não raro impedem a realização oportuna dos planos pessoais e profissionais.

Os assim chamados pontos fortes e pontos fracos, concentração ou dispersão, dedicação ou indolência, em última instância, sucesso ou insucesso favorecem ou impedem a consecução da sonhada graduação ou diploma – para alguns, um prejuízo; para outros, um estímulo a novos esforços e a caminhos próprios. E, talvez, o aparente preguiçoso seja, na realidade, o mais criativo na busca da otimização e da simplificação na rotina do trabalho.

Geralmente se reconhece que problemas de visão podem impedir uma carreira de piloto; contudo, diversas pessoas se autolimitaram diante de problemas de saúde visíveis ou invisíveis. Seria ingênuo negligenciar a aparência e a constituição corporal de uma pessoa como chave para determinadas perspectivas. A esse propósito, leis para um tratamento igualitário mudam pouca coisa também.

Talvez você pense que já não pode ser tão importante saber quais influências determinaram seu caminho como criança, adolescente ou jovem adulto, ou seus primeiros passos na profissão. Se maior pressão ou maior voluntariedade desempenhou algum papel; se algo "nos adveio por acaso" ou se cada situação foi o resultado de um planejamento sistemático. No entanto, você já ponderou o que ainda hoje, apesar de tudo, determina seu pensar e seu agir? Por que você se esforça por determinadas metas ou por que considera desimportante honrar ou desprezar determinadas pessoas? Por que você está sempre contente ou às vezes insatisfeito com o *status quo*?

Procure uma pessoa em quem você confie e que tenha interesse "vivaz" em sua vida, sem já saber tudo de antemão. Conte-lhe tranquilamente a história de sua vida, a partir do nascimento. Preocupe-se com seus pais, com traços do caráter deles, o papel deles na família. E que experiência pessoal você teve de seu pai e de sua mãe.

Reflita a respeito de quem lhe transmitiu estes ou aqueles valores. Que grau de importância o "rendimento" já tinha em sua infância? Como você imaginou o percurso acadêmico e profissional? O que o ocupou ao lado da aprendizagem? Reflita a respeito das decisões que você tomou conscientemente e quais, em sua opinião, foram mais acidentais ou até mesmo compulsivas. Pondere por que você assumiu uma profissão, com quais expectativas e esperanças. O que você experimentou posteriormente nela, com que você se entusiasmou e com que você se decepcionou. Vivencie o momento do triunfo e o do insucesso.

Reflita a respeito da importância que tiveram e têm suas condições de vida, seus relacionamentos, sua família. E aproveite o momento atual como oportunidade para um balanço provisório. Para isso, dedique algumas horas de seu tempo. É um investimento que vale a pena.

5
BALANÇO PESSOAL E PROFISSIONAL PROVISÓRIO

Stefan Müller

Depois que você, juntamente com uma pessoa disposta a ouvir e a questionar, tiver feito o passeio por sua vida, deveria mais uma vez lançar um olhar sobre esse caminho. Para isso, convidamo-lo a traçar duas linhas e a preocupar-se com seus altos e baixos.

1. Duas linhas

- Em primeiro lugar, em uma folha de papel, trace uma linha que apresente cronologicamente o percurso privado de sua vida até agora. A aparência da linha da vida (abreviada em linha-V) não tem importância (pode ser reta, torta, curva, ondulada, lisa, fortemente íngreme e assim por diante).

Você deveria reproduzir toda a sua vida, tal como você a vê pessoalmente, com seus altos e baixos particulares. No caso, não existe o "certo" e o "errado" (nada de objetividade). O que vale aqui é sua impressão individual, sua lembrança e percepção. Investigue, além disso, mais uma vez, seu "mundo interior", seus sentimentos. Pergunte-se quando e com que intensidade você, a cada vez, esteve em sintonia consigo mesmo.

- Em seguida, trace, por favor, com outra cor, uma segunda linha que reflita seu desenvolvimento profissional (linha-P), portanto, educação, estudo e todos os cargos profissionais. Você pode traçar esta linha sob a primeira.

Se ambas as linhas se encontram em sintonia em alguns lugares, é um sinal de que temas pessoais e profissionais se influenciaram ou até mesmo se condicionaram mutuamente. No entanto, talvez haja fases nas quais uma linha se afasta da outra ora mais ora menos intensamente.

- Tão logo você tenha traçado suas linhas, assinale, por favor, o ponto correspondente no qual você se encontra agora, exatamente, em cada uma delas.

O primeiro passo deste exercício transmite-lhe uma representação do que você deixou para trás e do que você já venceu.

2. Expectativas e esperanças

Preocupe-se, agora, em como será a continuação – pessoal e profissional.

■ Como deve ser a continuação pessoal?

....

....

■ Como deve ser a continuação profissional?

....

....

Continue agora as linhas da vida para além do presente, em direção ao futuro. Contudo, insira, respectivamente, mais duas linhas aí:

- A linha E, das expectativas: O que espero de minha vida pessoal no futuro próximo, o que espero de minha vida profissional no futuro próximo?

- A linha D, dos desejos: O que espero/desejo de minha vida pessoal, o que espero/desejo de minha vida profissional?

Para o caso de a linha E, eventualmente, diferençar-se da linha D, por favor, esclareça isso melhor.

No âmbito de meu desenvolvimento profissional, a Linha E se diferencia da Linha D porque

....

....

No âmbito de minha situação e de meus relacionamentos pessoais, a Linha E e a Linha D se diferenciam porque

....

....

Agora você deu o segundo passo nesse balanço provisório. Depois de uma olhada no que está sob controle, você ousou um prognóstico. Aquilo que, inicialmente, parecia mais uma ocupação divertida, na realidade é muito mais do que isso.

Em seus livros e conferências, Anselm Grün repetidamente lembra da força que nossos pensamentos e expectativas contêm. Contudo, não se trata de modelos – como as apresentações de Dale Carnegie em seu *best-seller Como evitar preocupações e começar a viver* – que nós poderíamos determinar, unicamente, mediante o poder de nossos pensamentos e de nossos destinos. Conforme os conhecimentos atuais da neurociência, essa forma banal de "pensamento positivo", sem ponto de referência real, pode até mesmo levar à depressão, com a sensação de "fracasso" pessoal. Aqui, apela-se muito mais ao fato de que nossa fé nas capacidades que Deus nos concedeu e nossa determinação e confiança na modelação de nosso futuro desencadeiam energias que nos permitem superar barreiras e obstáculos. Ou, para dizê-lo com as palavras de 2Sm 22,30: "Com meu Deus salto muralhas".

3. Desenvolvimento pessoal

Volte uma vez mais para sua linha de vida e lembre-se de cada uma das fases de sua vida. Como você era quando tinha 11 anos de idade? A partir de seu ponto de vista atual, o que você assinalaria como especialmente agradável, como preferência importante, e o que você caracterizaria como pontos particularmente fracos? Mais uma vez, percorra desse modo cada uma das fases de sua vida:

	Pontos particularmente fortes	Pontos particularmente fracos
Com cerca de dez anos de idade	....	....
	....	....
No final do período escolar	....	....
	....	....
	....	....
Depois de sua formação profissional	....	....
	....	....
	....	....
Há um ano	....	....
	....	....
	....	....
Hoje	....	....
	....	....
	....	....

Agora, para concluir, por favor, confira ainda as seguintes questões:

- No decurso de sua vida, até agora, quais preferências você abandonou e por quê?
- De quais pontos fracos você se livrou e como?
- O que o alegra em tudo isso? O que você lamenta?

Este é o terceiro passo de seu balanço provisório. Padre Anselm Grün frequentemente enfatiza que devemos nos enlutar pelo que perdemos. Nas crises da vida, muitas pessoas lamentam-se pelo fato de terem perdido a leveza e a despreocupação da infância, de ser-lhes difícil empenhar-se em algo novo, de se terem, por assim dizer, enclausurado em compromissos e tarefas. Não faz nenhum sentido fechar os olhos diante de tais acontecimentos. Nem tudo é irreversível; na vida, cada um pode sempre reajustar, desfazer-se, simplificar, facilitar e mudar.

Por outro lado, porém, como seres humanos, nós nos tornamos mais valiosos. Mais ricos em experiências, mais soberanos no trato com os desafios, mais serenos nas provações, mais habilidosos no lidar conosco mesmos e com os outros. Em todo caso, é o que se espera...

Quem já fez alguma peregrinação sabe que, em um caminho, sempre se perde algo, mas que também muito mais se ganha: conhecimento sobre suas admiráveis capacidades e limites surpreendentes, as imagens de novos horizontes e a perda da tão cara comodidade, o encontro com novos pensamentos e novas atitudes de vida, e a responsabilidade dos próprios pontos de vista.

Contemple seu balanço provisório mais uma vez com estas sugestões e verifique precisamente se e onde você produziu ganho ou perda.

6
A TRILHA DA VIDA

Anselm Grün

Se você traçou as linhas de sua vida e considerou atentamente seu modo de vida até agora, pode se perguntar: O que eu gostaria de gravar neste mundo? Não se trata apenas de conhecer minhas preferências e desejos, mas da pergunta: Que rastro de vida eu gostaria de deixar neste mundo? O que gostaria de transmitir com minha vida? Cada um de nós tem, da parte de Deus, uma missão. Não é questão apenas de viver razoavelmente feliz, mas de reconhecer minha tarefa neste mundo, pressentir minha tarefa a partir de Deus. Deus enviou-me a este mundo a fim de que eu – como o diz Jesus – seja luz e leve luz, para que, através de mim, este mundo se torne mais iluminado e aquecido.

Diversas pessoas são de opinião que o mundo seria determinado por políticos e por empresários, que não teríamos nenhuma possibilidade de modelar juntos este mundo, e que simplesmente estaríamos jogados nele. No entanto, não é bem assim. Cada um de nós, através de sua vida, imprime um rastro neste mundo, deixa uma pegada. Através de seu carisma, opera algo neste mundo. A ciência natural fala hoje do campo no qual todos estão ligados uns aos outros. Quando algo acontece nesse campo, toca também tudo o mais. Cada um de nós tem um carisma. Quando acordamos de manhã, algo já emana de nós, um humor positivo ou negativo. Vamos encontrar, olhar e interpelar outras pessoas. Nosso rosto transmitirá quer alegria, quer insatisfação; ora esperança, ora desânimo; seja confiança, seja medo. Nossa voz espelha nosso estado de ânimo.

E esse estado de espírito atinge outras pessoas. Ou partilho com meus semelhantes algo de meu estado de ânimo alegre e esperançoso, ou, em vez disso, algo de minha amargura e de meu ressentimento.

Contudo, não é apenas através de nossa irradiação que deixamos um rastro de vida neste mundo, mas também mediante nossa profissão. Por conseguinte, deveríamos perguntar-nos sempre de novo: Que rastro de vida gostaria de traçar neste mundo através de minha profissão? O que gostaria de realizar neste mundo? O que gostaria de deixar como herança? Como gostaria de modelar e formar este mundo? Obviamente, nossa influência neste mundo é limitada, mas, com essa limitação, não deveríamos esquivar-nos de fazer o que nos cabe. Em qual profissão posso investir, de modo mais claro e eficaz, o projeto de vida que tenho em mente?

A imagem da trilha de vida pode acompanhar-nos em diversas áreas. Quando vou a uma entrevista de trabalho não se trata apenas de obter, a todo custo, tal posto; caso contrário, fico ansioso. Em vez disso, devo ir com outra imagem. Eu sou eu. Irradio algo. Gostaria de deixar uma boa impressão. Gostaria de transmitir algo do que sou. Não vou curvar-me apenas para obter o emprego. De preferência, gostaria de ser autêntico e original. Se sou autêntico, não preciso provar minha autenticidade. Simplesmente vou à entrevista e sou totalmente eu. Sou simples. Não fico sob a pressão de deixar boa impressão. O paradoxo é que justamente quando não pretendo deixar a melhor impressão, mas sou autêntico, me saio bem junto às pessoas. Com efeito, elas terão uma percepção de minha pessoa sem fachadas ou máscaras. Quando sou totalmente eu, deixo uma boa marca, agora, nesta entrevista. Ademais, encontro-me com pessoas. Não me assento como um coelho diante da serpente, petrificado pelo julgamento que os outros fazem de mim. Estou simplesmente aí. Percebo as outras pessoas e as encontro no diálogo. É muito mais descontraído e, com o tempo, mais eficiente do que tudo muito pensado e calculado.

Nas conversas, repetidamente ouço que as pessoas têm a sensação de que se afastaram da trilha, ou que perderam o rumo. Consequentemente, carecem de muita energia a fim de continuar a viver. Corre-se, por assim dizer, fora dos trilhos. Às vezes, o impulso vital perde a orientação. As pessoas não sabem aonde a viagem vai dar. Não sabem que pegadas devem deixar neste mundo. Estão desorientadas, inseguras, insatisfeitas. Precisamente em tais situações, é importante buscar a própria trajetória da vida. Para isso, inicialmente, é útil sondar para mim mesmo o que minha trilha poderia ser; em seguida, porém, falar com um companheiro a respeito dos sonhos da vida que já tive e como minha vida agora se apresenta. No acompanhamento de pessoas que se desviaram da trilha, sempre apresento o caminho pelo qual elas possam encontrar o trilho de sua vida.

O primeiro caminho: sento-me tranquilamente e me ausculto. Tenho a sensação de que minha vida é harmônica, de que me afino comigo mesmo e com minha natureza, de que estou em sintonia comigo mesmo? Minha vida flui? Estou no fluxo, ou estanco minha vida? Vivo à margem de mim mesmo? O modo como vivo e o que vivo estão certos? Se eu tiver a sensação de harmonia e de estar-no-fluxo, posso confiar que estou imprimindo o rastro de vida que corresponde à minha natureza. Talvez deva imprimi-lo ainda mais conscientemente, tornar mais claro para mim a respeito do que gostaria de transmitir com minha vida.

O segundo caminho: olho para minha infância e procuro lembrar-me onde podia brincar por horas a fio, sem cansar-me; onde me sentia protegido, onde me sentia entusiasmado e queria investir toda a minha força em prol de algo. Lá, onde, como criança eu fui tocado, eu também estava em contato comigo mesmo e com meu verdadeiro ser. Aquilo que, quando criança, fiz com entusiasmo, devo, pois, traduzir no que agora gostaria de fazer. Certa mulher contou-me: desde criança, era fascinada por hotéis. Para sua primeira comunhão, tinha ela apenas um único desejo: poder hospedar-se em um hotel por um dia. Tal presente a família lhe deu. Agora ela é gerente de hotel. Sua profissão corresponde ao que ela sentiu quando criança e sempre desejou. Era o fascínio de experimentar a sensação de lar e de segurança em uma casa estranha, de ser convidada por pessoas, de gozar a vida e de sentir-se bem. O trabalho lhe proporciona alegria. Ela não corre o risco de cair no esgotamento, visto que sua profissão corresponde à sua mais íntima imagem. Ela se alegra quando pode proporcionar às pessoas um espaço de segurança, aconchego e alegria de viver.

O terceiro caminho: contemplo minha história de vida e recordo minhas feridas. À primeira vista, este caminho pode parecer bastante negativo. Contemplamos exatamente o que nos impediu na vida, o que nos ofendeu e feriu. Contudo, o paradoxo é exatamente que nós, nas feridas, também podemos descobrir o tesouro que está em nós. Hildegarda de Bingen acredita que a arte de humanizar-se consiste em transformar as feridas em pérolas. Onde fui ferido entro em contato também com o tesouro que há em mim, com minhas capacidades. Sofri algo ruim, mas o superei. Cresci com isso. Os ferimentos obrigam-me a permanecer no caminho, a continuar a buscar meu verdadeiro ser. É quando caem todas as máscaras e reconheço quem eu sou. Ademais, as feridas tornam-me sensível em relação às outras pessoas. Diversas pessoas, que foram, elas próprias, feridas quando crianças, tornaram-se bons psicólogos, médicos, pastores de almas ou educadores. E muitas, que sofreram injustiça em sua infância, tornaram-se bons juristas. Outros descobriram suas capacidades justamente em seus ferimentos. As ofensas permitiram-lhes tornar-se mais fortes. Combateram pela vida afora; agora são capazes também de suportar situações difíceis. Certamente isso só funciona quando me confronto com as ofensas de minha história de vida. Quando eu as evito, estou fadado a repeti-las. Então serei sempre levado a situações nas quais sou tão ofendido quanto antigamente.

O quarto caminho consiste em que eu escreva um necrológio referente a mim e à minha vida. A escritura do meu obituário força-me a tornar-me consciente do que, na verdade, quis transmitir com minha vida, que vestígio de vida eu gostaria de insculpir neste mundo. Uma variante para o necrológio seria: imagino que me restam poucos anos de vida. Por conseguinte, escrevo uma carta a um amigo, a meu cônjuge ou a meus filhos. Escrevo a carta com o tema: O que quis transmitir em minha vida? Qual mensagem quis anunciar às pessoas com toda a minha vida? Que legado gostaria de deixar-lhe(s)? O que é que sempre de novo me motivou a prosseguir no trabalho, a continuar a comprometer-me, a não desistir, mas a recomeçar a viver e a transmitir diariamente às pessoas o que me era importante? Caso escreva tal carta, vejo-me forçado a refletir sobre a trilha de minha vida, a que eu de fato gostaria de traçar nesse mundo. Talvez eventualmente eu escreva palavras bonitas, que não correspondem à minha vida. Não importa. O decisivo é que, ao escrever, descubra que não gostaria de apenas viver à toa, mas que eu, com minha vida, com minha pessoa, tenho uma mensagem para os outros: gostaria de tornar clara para as pessoas minha trilha de vida.

7

OLHANDO O PASSADO

O QUE INFLUENCIOU MEU COMPORTAMENTO NO TRABALHO?

Stefan Müller

Já na escola, alguns constatam que o rendimento não é apenas determinado pelo talento ou pela inclinação para determinada disciplina, mas que fatores "atmosféricos" determinantes podem ser de grande importância para o sucesso.

Eis que determinado estudante obtém continuadamente boas notas em Física, até que outro professor o faz "errar o alvo" pelo modo como ensina – ele mal consegue obter as notas suficientes. Alguém tem infinitas dificuldades com a língua francesa, até que começa a entusiasmar-se com uma nova professora – de repente, ele começa a martelar vocábulos e em pouco tempo supera todas as barreiras linguísticas.

Há pouco tempo, o Prof.-Dr. Gerald Hüther, chefe do Departamento de Pesquisa Neurobiológica Básica na clínica psiquiátrica da Universidade de Göttingen, fez uma notável conferência tendo em vista a pergunta a respeito do que nosso cérebro pode produzir em cada etapa da vida. A propósito, ele nega mui enfaticamente a concepção sempre mais difusa de que nossa produção intelectual diminui precoce e irreversivelmente na velhice. Na opinião dele, em vez disso, tudo depende principalmente das motivações pessoais. Ele descreve isso com uma imagem bem-humorada, que fala por si:

"Obviamente uma pessoa de 85 anos de idade ainda poderia aprender chinês. Tecnicamente falando, do ponto de vista neurológico não há nenhum problema. Ele apenas deveria, por assim dizer, entusiasmar-se corretamente. Com outras palavras, isto quer dizer: ele deveria apaixonar-se perdidamente por uma linda jovem chinesa de 65 anos de idade". (Por sinal, quão relativa é a juventude!)

Com mais três exemplos, gostaria de mostrar quão individual é a influência sobre nossos hábitos de trabalho, ao mesmo tempo, porém, demonstrar que as circunstâncias exteriores atuam de modo bastante diversificado:

Um empregado sente-se isolado no escritório particular. Talvez ele precise de comunicação e intercâmbio como energético, talvez ele "apenas" tenha receio de ser ignorado ou preterido. Outro sente-se constantemente observado no espaçoso escritório, e emprega uma quantidade imensa de energia a fim de dissipar as perturbações acústicas e visuais, e poder concentrar-se.

Aquela executiva só está disponível para conversar mediante comunicação prévia, pois mal consegue lidar com a mudança de um tema para outro. No caso de outro chefe, a porta está sempre aberta, como visível convite ao "estorvo".

Enquanto a secretária A espera de seu chefe instruções claras, a secretária B resiste constantemente ao paternalismo e quer autonomamente decidir sobre seus procedimentos.

No decurso de nosso desenvolvimento profissional vivemos altos e baixos que de alguma forma devem ter sempre as mesmas causas – elas tanto podem ser encontradas em uma tarefa que não corresponde da melhor maneira às nossas capacidades e inclinações, como também em pessoas acima, próximas ou "abaixo" de nós. E enquanto determinada pessoa desenvolve um programa de computador em um escritório no porão, e considera absolutamente secundária a questão de se lá fora é verão ou inverno, dia ou noite, o bem-estar de outra pessoa depende muito se ela vê, da janela do escritório, árvores ou uma parede de concreto.

Se você fizer, por exemplo, um retrospecto mental de sua carreira profissional – a que entendimentos você chega? Algumas dicas à guisa de estímulo:

- área acadêmica e área de especialização;

- método de trabalho;

- superiores;

- colegas;

- colaboradores (liderança de empregados);

- ambiente espacial;

- tamanho da empresa;

- horas de trabalho/lazer.

Atenção: ponha de lado esta lista antes de você colocar seus pensamentos no papel. O sentido deste capítulo não é que você "elabore" todos os pontos; ao contrário, suas próprias experiências marcantes é que devem emergir.

- Quando você esteve especialmente motivado e engajado, quando esteve a ponto de "jogar tudo pelos ares" ou "fugir de tudo"? Em tais situações, o que desempenhou o papel principal?

Reserve tempo para este capítulo – nas percepções do olhar retrospectivo encontra-se a oportunidade de reconhecer fatores decisivos e de não mais subestimar as assim chamadas "trivialidades" em seu agir futuro.

Percepções do olhar retrospectivo

8

DE ONDE VEM A IDEIA DE QUERER FAZER ALGO COMPLETAMENTE DIFERENTE?

Stefan Müller

Uma resposta simples está prontamente preparada: quando alguém está insatisfeito com sua atividade atual, busca alternativas. Infelizmente, respostas simples têm uma desvantagem: às vezes são simples *demais*...

Não é curioso como notórios resmungões protestam, horrorizados, quando alguém quer eliminar a causa do desprazer deles? Não é espantoso que determinadas pessoas se queixam de seus patrões durante anos ou décadas, mas de forma alguma pensam em mudança, e quando se aposentam, com brilho nos olhos se referem à firma onde trabalharam como "minha empresa"?

É por acaso que os executivos das grandes empresas, que durante a vida assumiram funções de liderança e as executaram com visível entusiasmo, na "terceira fase da vida ativa", respectivamente, na "aposentadoria", tornam-se ativos em uma área completamente diferente? E talvez, até, reassumam as antigas funções? Causa espanto que alguns desportistas, apesar das consideráveis exigências corporais, "celebrem" o segundo ou terceiro retorno? Por que esse é o mundo "deles"? Ou, talvez, também, porque lhes falte a ideia, vale dizer, a perspectiva da segunda carreira?

Assim como as pessoas são diferentes, variados também são seus impulsos (motivações). Para um, o poder é inebriante; para outro, tornar-se "amado" pelos que o rodeiam é a razão de sua vida. Enquanto um é arrastado pelo esforço rumo à perfeição, outro deleita-se em sua arte da improvisação. Aquele gostaria de, possivelmente, ser "visto" a cada dia; este age preferentemente no silêncio.

As motivações mais fortes, em determinadas situações, dominam nosso comportamento ao longo de um período maior ou menor de nossa vida. Com a consecução de metas essenciais ou com a entrada de uma nova fase na vida, com frequência advém, no entanto, certa saturação e esgotamento, e alguns objetivos perdem sua importância. E a decepção com expectativas mais elevadas vem acompanhada de uma redefinição realista ou ainda de um pouco de resignação.

De repente, descobrem-se os impulsos mais negligenciados, dos quais até agora não se tirou nenhuma satisfação, que permaneceram inutilizados ou que quase não foram empregados, que talvez tenham até mesmo sido reprimidos, mas que, não obstante, permanecem "de prontidão".

A pessoa sequiosa de poder, que até então se orgulhava bastante de ter inimigos, de repente aprecia o calor humano. A pessoa sóbria, sistemática, prontamente disposta a condenar os outros como "bagunçados", de repente descobre o charme da liberdade criativa. Cada um de nós, portanto, é um ser de muitas camadas, e no decurso dos anos, em determinadas circunstâncias, uma "camada", até agora encoberta, torna-se visível.

Contudo, esta é apenas uma parte da explicação. Nenhum de nós pode esquivar-se totalmente das exigências e expectativas de seu ambiente, para o propósito da autopreservação (em caso de necessidade econômica), bem como devido à carência de proximidade social. Isso leva a (dever) submeter-nos a pressões que são definidas por determinado ambiente ou por aquelas que acreditamos corresponderem às expectativas dos outros.

No decorrer dos anos, mudam, vale dizer, reduzem-se algumas das reais ou supostas pressões e dependências: mudam os relacionamentos familiares, fazemos novos amigos, ocupamos outro posto de trabalho ou servimos a outro patrão, a novos superiores, ou temos novos colegas; conseguimos maior autonomia financeira, conquistamos o reconhecimento. Estas e outras coisas dão espaço a planos e metas que até então pareciam irrealistas.

E bem lentamente começamos a confiar nos pensamentos, reprimidos durante muito tempo, de um dia fazer "algo completamente diferente". Já não nos repreendemos imediatamente ("Dê-se por satisfeito por você ter um posto de trabalho seguro e um bom salário"), assumimos mais tranquilamente o fato de não sermos compreendidos por alguns ("Você acredita seriamente que poderia afastar todos os problemas?"), tornamo-nos mais sensíveis para os sinais do nosso próprio corpo ("Ultimamente tenho me sentido tão exausto...!") e sentimos que a agressividade na família é um grito por socorro, que parte do cônjuge ou dos filhos.

Anselm Grün confrontou-nos com o chamado de Deus, que nos interpela. Ele descreveu os pescadores que, de um lado, deixaram para trás tudo o que lhes era familiar e a que estavam acostumados, mas que levaram consigo a imagem do pescador como "pescador de homens".

Com demasiada frequência, percebo que a ligação com um lugar impede determinada pessoa de seguir o chamado interior. Certamente, às vezes, existem fortes razões para não deixar, *agora*, o ambiente de origem, ou seja, a região na qual se está vivendo. Quando, por exemplo, depois de longa busca, encontrou-se uma escola especial que pode lidar profissional e beneficamente com crianças superdotadas ou com dificuldades de aprendizagem, ou quando os pais são bem cuidados e não podem mudar-se juntamente com os familiares, estes são fortes argumentos para se fazer alguma renúncia pessoal. No entanto, com bastante frequência, apresentam-se também razões para proteger a própria comodidade: de modo especial, de bom grado aponta-se para as crianças, por exemplo, que não se quer ver separadas dos amigos. Segundo minha percepção, na verdade, inicialmente as crianças frequentemente reagem de modo defensivo à ideia de mudança; posteriormente, porém, são também as primeiras a orientar-se no novo ambiente e a fazer novos contatos em breve tempo.

Certa vez, Jesus reagiu severamente quando algumas pessoas quiseram explicar-lhe que não o poderiam seguir *agora* porque teriam isso ou aquilo para fazer. Até mesmo um sepultamento ou a despedida dos de casa pareciam-lhe menos importantes do que seguir imediatamente seu chamado (cf. Lc 9,59-62). Mediante isso, quero expressamente enfatizar aqui que nem toda transferência que lhe é proposta dentro da empresa deve ser equiparada a um chamado interior! Ao contrário, justamente aqui deve-se verificar se realmente (também) se trata de você ou apenas dos interesses de um superior ou da empresa.

Há outro exemplo para um chamado de Jesus com outra saída completamente diferente: o "jovem rico" devia separar-se de algo, vender seus bens (cf. Mt 19,21-22). Para mim, trata-se da imagem da dependência que nos obstaculiza o caminho para nossa vocação. Isto tanto pode acontecer no peso da posse, da propriedade ou da herança quanto no apego a uma classe social ou a uma reputação a que sacrificamos nosso tempo e forças, de mais a mais, empregando esforços sempre maiores para aparentar o que, na realidade, não somos.

No final das contas, o jovem rico não podia desprender-se, não podia seguir o chamado. Digno de nota, porém, é que ele se foi "pesaroso": sua decisão também não o deixou feliz. Quem quiser seguir seu chamado, deve, se necessário for, deixar algo para trás e aceitar o fato de que suas condições de vida podem alterar-se. Isso pode acontecer, por exemplo, na renúncia consciente a rendimentos em favor de melhor qualidade de vida, mas também pode significar a perda de certas amizades que só existem na base da competição por aparência e fachada ainda maiores.

Agora, portanto, você deveria aproveitar a oportunidade para um pensamento transversal. Reflita, por exemplo, a respeito do que antigamente você fez prazerosamente. Permita que seu sonho profissional juvenil reviva. Ouça a voz "na verdade, eu sempre quis..." ou "sonho, um dia, fazer isso" ou "se eu pudesse, como queria, então..."

Antes que seu Ego-Pai o chame agora novamente à ordem, peço-lhe o favor de seguir tais pensamentos. De fato, mesmo que você devesse constatar que não pode realizar cada sonho, tais pensamentos oferecem sinais importantes para as necessidades que se ocultam por trás de outras imagens profissionais e formas de vida. À simples consideração dessas necessidades, você já conseguiu algo essencial: um olhar honesto sobre o que deveria buscar em uma nova atividade e talvez até mesmo o que pode encontrar na área a que você está acostumado – pelo menos até certo ponto. No entanto, talvez você também constate que basta um pouco de coragem para ignorar a opinião da imobilidade em seu ambiente, e seguir um caminho novo próprio.

Ideias para "algo completamente novo"

....

....

....

....

....

....

....

....

....

....

....

9

O QUE SE ESCONDE POR TRÁS DE MEUS DESEJOS E SONHOS?

Anselm Grün

Será que já não lhe passou pela cabeça tornar-se independente? Talvez justamente depois que você, uma vez mais, irritou-se tremendamente com seu chefe? Na ocasião, teve alguma função a frase: "Quero, finalmente, ser patrão de mim mesmo"?

Cerca de 80% de todos os trabalhadores, em algum momento, pensam em tornar-se patrões. No entanto, apenas em torno de 5% posteriormente põem em prática a ideia. De onde provém essa grande diferença? Desejos são um sinal de nossas necessidades!

Talvez você conheça as seguintes ideias:

- "Depois de minha experiência com esse superior, nunca mais quero ter um 'diante de mim'".

- "Estou farto de, por anos a fio, ser obrigado a levantar-me às 6h a fim de chegar pontualmente ao escritório. Quero poder, finalmente, decidir a que horas começar".

- "A fim de evitar as provocações dos colegas, só retorno a casa no mínimo às 18h, embora o variável volume de trabalho ora esteja pronto em seis horas, ora dificilmente possa ser feito em doze horas. Agora, já não quero prestar contas a ninguém do meu tempo de trabalho; desejo dedicar as horas livres à minha família".

Por certo: nem todos podem lidar com a descontinuação de estruturas organizacionais. Para alguns, condições ambientais claras e visíveis são importantes; outros precisam da equipe ao redor de si, pois como lobos solitários, fracassariam.

No entanto, a depender da fase ou da situação de vida, temas completamente diferentes podem também desempenhar uma função. Nos anos da juventude, pode ser importante, enfim, realmente ganhar dinheiro. Nas fases profissionais posteriores, talvez alguém anseie, por exemplo, por suspender responsabilidades gerenciais e dedicar-se novamente mais à discussão objetiva com conteúdos.

No período de independência pessoal, um país estrangeiro ou uma intensiva atividade de viagem excitam. Mais tarde, existem situações nas quais a limitação do tempo de trabalho fica em primeiro plano, o que não permite satisfazer as obrigações e necessidades particulares.

■ Como soam suas frases? O que lhe seria mais importante se você pudesse escolher o "trabalho ideal"?

Por favor, não verifique, ainda, de que modo seus desejos podem ser levados em consideração. Aqui, trata-se da descrição da situação ideal.

Às vezes é útil conferir a essas ideias uma imagem: imagine que uma empresa quisesse absolutamente tê-lo como colaborador, e o companheiro ou o diretor perguntassem a respeito dos cinco desejos mais importantes para sua futura atividade. Quais as cinco (por favor, não apenas duas ou três) necessidades que você associaria a uma tarefa ideal? O que o faria acordar todos os dias, cheio de alegria, para ir ao trabalho? O que realmente o faria feliz no final do dia?

Dedique tempo a sonhar com condições de trabalho ideais. No caminho da profissão à vocação, em hipótese nenhuma você deve omitir tal passo.

Frases para o "trabalho ideal"

1) ....

....

....

2) ....
....
....

3) ....
....
....

4) ....
....
....

5) ....
....
....

6) ....
....
....

Cinco desejos para minha atividade futura

1) ....

....

....

2) ....

....

....

3) ....

....

....

4) ....

....

....

5) ....

....

....

10

QUEM SOU EU?

DESCOBRIR EM MIM A IMAGEM DE DEUS

Anselm Grün

A pergunta que inquieta todo ser humano é: Quem sou eu? Qual é meu verdadeiro eu? Existem algumas respostas teológicas para esta pergunta e alguns caminhos espirituais para não apenas responder teoricamente a esta pergunta, mas para aproximar-se do mistério do verdadeiro eu. A resposta teológica é que não somos apenas filhos de nossos pais, mas filhos de Deus. Somos – como o diz o famoso Prólogo do Evangelho de João – "gerados não do sangue, nem da vontade da carne, nem da vontade do homem, mas de Deus" (Jo 1,13).

Tomás de Aquino interpretou esta afirmação teológica no sentido de que todo ser humano é uma imagem única de Deus. Deus idealiza para cada um de nós uma imagem singular, e nossa tarefa consiste em permitir que essa imagem distinta se torne visível neste mundo. Sabemos, porém, que sempre também distorcemos e obscurecemos a imagem mediante nossa própria limitação e por meio de nossas falhas e fraquezas. Nosso dever é nos tornarmos sempre mais semelhantes a essa imagem. Assim é que os Padres Gregos da Igreja interpretaram a palavra do relato da criação: "Deus disse: 'Façamos o ser humano à nossa imagem e segundo nossa semelhança'" (Gn 1,26). Somos imagem de Deus. Nossa tarefa, porém, é tornar-nos sempre mais parecidos com essa imagem e, desse modo, desenvolver o potencial que Deus depositou em nossa natureza humana.

Romano Guardini deu outra interpretação teológica para a pergunta "Quem sou eu?" Segundo ele, Deus teria falado uma palavra original a respeito de cada ser humano, algo como uma "senha", reservada apenas para tal pessoa. E nossa responsabilidade consiste em deixar que essa palavra singular de Deus se torne perceptível no mundo. Cada um é também, por assim dizer, uma palavra de Deus que se fez carne.

Jesus é a verdadeira Palavra de Deus. Nele brilha para nós "a glória que recebe do seu Pai como filho único, cheio de graça e de verdade" (Jo 1,14). Contudo, Deus também pronuncia em nós palavras que provêm de seu coração. A Igreja expressou isso no conceito de profeta. No batismo, somos ungidos profetas. Ser profeta significa que revelo algo de Deus que somente pode ser expresso por mim.

A tradição espiritual desenvolveu caminhos para o contato com essa imagem particular e com essa excepcional palavra de Deus em nós. A primeira via assemelha-se à trilha da vida. Faço uma sondagem pessoal, para ver se estou em harmonia comigo, se estou em sintonia com essa palavra ou com essa imagem interiores. Se experimento paz e vivacidade em mim, posso confiar que estou em contato com minha imagem e minha palavra.

A segunda via passa pela pergunta: Quem sou eu? Continuo sempre a fazer esta pergunta. Inicialmente, darei as respostas conhecidas: sou homem, filho de Wilhelm e Mathilde Grün, alemão, bávaro, monge, sacerdote, celeireiro, escritor, conferencista, instrutor, diretor espiritual. Tudo isso, porém, são expressões de meu eu, não é o eu propriamente dito. Através de todas as respostas que me vêm à mente, sigo adiante, até que me depare com o cerne mais íntimo. No entanto, já não consigo descrever esse núcleo interior, não posso expressar o verdadeiro eu. Trata-se apenas da intuição de que sou único e singular. Alcanço o fundamento de minha alma, no qual intuo o mistério de minha pessoa, mas já não consigo descrever.

Um caminho semelhante passa pelo exercício de repetir a palavra que Jesus pronunciou depois da ressurreição: "Sou eu mesmo!" (Lc 24,39). Ao levantar-me, recito: "Eu sou eu mesmo". No café da manhã, no trabalho, em uma reunião, no encontro com um amigo, no diálogo com um cliente, digo sempre a mim mesmo: "Eu sou eu mesmo". Então percebo que muitas vezes não sou eu mesmo. Ao contrário, adapto-me a fim de achegar-me aos outros e ser querido. Eu me dobro, desempenho diversos papéis, mas o autêntico eu frequentemente não se mostra. Se eu citar sempre esta palavra, obtenho também uma noção do que significa ser inteiramente eu mesmo. Então sou originário e autêntico, e quando sou autêntico, quando me harmonizo com o "autos", o eu, então sou livre de toda pressão de ter que dar provas de mim mesmo. Também não preciso provar que sou autêntico; não preciso agradar a todos. Estou livre da pressão de ajustar-me de tal modo aos outros, que consiga deles aproximar-me. Sou simplesmente eu mesmo. Isto é tranquilizador, libertador, além de poupar-me as energias, pois já não tenho que quebrar a cabeça pensando em como devo comportar-me perante os demais. Ademais, faço uma profunda experiência de Deus, pois Deus é o puro ser; Deus "é" simples. Quando simplesmente sou, então tenho parte em Deus, em sua natureza, em sua liberdade, em seu amor. Quando sou simplesmente eu, então não devo amor, pois sou simplesmente apenas amor.

Não podemos descrever nem a imagem nem a Palavra de Deus em nós. É sempre apenas uma intuição dessa imagem originária e dessa palavra singular. Isto não obstante, podemos aproximar-nos da palavra. Às vezes, durante os cursos, dou às pessoas a seguinte tarefa: elas deveriam considerar interiormente qual palavra Deus possivelmente pronunciou nelas e o que elas querem transmitir com sua vida. Em seguida, devem escrever espontaneamente em um pedaço de papel. Depois, cada um lê em voz alta seu bilhete e o coloca no meio. É espantoso o que os participantes escrevem. Eis que alguém escreve, por exemplo: amor – lucidez – confiança – coração generoso – harmonia – vitalidade. Cada um escreve uma coisa diferente. Mesmo quando dois ou três escrevem a mesma palavra, quando a leem em voz alta, algo diferente ressoa através da voz pessoal de cada um.

Devemos confiar que a imagem originária que Deus idealizou para cada um de nós transparece sempre mais fortemente no decurso de nossa vida. Mais tarde, na morte, essa imagem singular resplandecerá em seu brilho genuíno. Na morte, seremos completamente transformados nessa imagem originária de Deus em nós. E às vezes essa imagem natural torna-se um pouco manifesta também a outras pessoas. Frequentemente, só na morte reconhecemos quem tal pessoa realmente era, o que a constituía, o que quis transmitir em sua vida, qual era sua mensagem para nós.

11

FIZ MUITA COISA

PEQUENOS E GRANDES ÊXITOS COMO ESPELHO DAS CAPACIDADES PESSOAIS

Stefan Müller

Se você já recebeu uma carta de recomendação, no geral você encontrará a assim chamada "valorização" de seu método de trabalho. Pressupondo-se que o autor dessa referência se dê ao trabalho de fazer jus à sua personalidade e à sua produtividade, você obtém algumas descrições "benevolentes" das características e capacidades percebidas em você.

Quem, profissionalmente, tem a oportunidade de confrontar-se com candidaturas a emprego, faz a experiência de que deve ocupar-se com diversas declarações, mas obtém raras provas delas. Isso vale tanto para documentos escritos quanto para autoapresentação oral.

Consequentemente, impressões subjetivas desempenham um papel desnecessariamente forte no julgamento da qualificação de um candidato. Em primeiro lugar, vem o impacto exterior dos documentos de candidatura, seu feitio, a apresentação e a precisão das informações em um *curriculum vitae*. Segue-se uma conversa telefônica, na qual o candidato pode apresentar descrições mais ou menos precisas em torno das questões: "Quem sou eu?", "O que posso?", "O que quero?"

Na própria conversa de apresentação, na maioria dos casos, também (apenas) acontece um detalhado teste de comunicação. Na maioria das vezes, as informações do *curriculum vitae* ficam sobre a mesa. Isso desfavorece as pessoas que têm um desempenho menos extrovertido e autoconfiante na comunicação oral.

No entanto, todos podem trabalhar consideravelmente a própria impressão a ser deixada nas pessoas, sem colocar diante de si uma fachada. O confronto com o tema profissão e vocação já decide fundamentalmente se você passa a impressão de estar em sintonia com sua tarefa atual, ou com aquela a que você aspira. E absolutamente importante é a pergunta a propósito de seu relacionamento com o tema "sucesso".

Quero estender-me um pouco a esse respeito. Alguns de nós provêm de uma geração na qual foram incutidas "crenças" como "ser mais do que parecer", "jamais devo suplicar por um aumento salarial", "no final, o que conta é o resultado", e assim por diante. E alguns, em sua formação cristã, foram confrontados com uma estranha noção de humildade que os conduziu seja a não mostrar-se, seja a não aprender a lutar por suas necessidades.

A citação do Sl 35 a respeito dos "mansos da terra" foi tomada por Gerhard Tersteegen (1697-1769) e atribuída a si e a seus amigos. O pietismo suábio foi novamente infectado por isso, e já é espantoso o tempo que essa autoclassificação se manteve como dito bem conhecido e instrução de comportamento.

Infelizmente, hoje, valem regras amiúde diametralmente opostas. "Faça o bem e fale a respeito" é a variante amigavelmente apontada, mas muitos se queixam – principalmente em grandes conglomerados transnacionais – de que aqueles que têm o dom da autoapresentação recebem mais atenção do que os especialistas, que realmente teriam algo a dizer, mas que não o dizem ou apenas o fazem em voz baixa. Antes de você resvalar para lamentações a esse respeito, você deveria, portanto, refletir em como, através de mensagens substanciais, obter atenção e reconhecimento.

Para a averiguação de suas capacidades pessoais e sua bem-sucedida apresentação, existe um método que permite afirmações seguras a partir da prática – você precisa reunir provas! Como isso aparece concretamente?

Você é confrontado diariamente com *situações* que reclamam necessidade de ação. Sempre que a colaboração, um procedimento, um produto, a organização, e assim por diante, podem ou devem ser feitos com mais suavidade, com maior qualidade, com mais rapidez, mais simplicidade, de modo mais econômico, mais inovador... você desenvolve suas capacidades específicas. Isso também é possível em outras apresentações de problemas e em outras situações.

Sua *contribuição*, porém, pode consistir tanto de uma ideia luminosa como também de um completo conceito de solução; de uma única proposta ou da coordenação de diversas atividades, de um rápido artifício ou de um projeto exaustivo e demorado. O essencial é que você consiga um resultado que signifique algum *progresso*.

Com vistas ao desejo de poder "vender" melhor as próprias capacidades, agora você deve observar alguns pontos. Para isso, é útil o método seguinte, para o qual você precisa de papel e lápis.

Método S – C – P

- **S**: Situação
- **C**: Contribuição
- **P**: Progresso

Folha S – C – P – de estratégia A

S: Cada um de nós já fez esta experiência: uma descrição prolixa, complicada, detalhada cansa os ouvintes e leva a trocar o essencial pelo secundário. Descreva, por favor, as situações vividas por você:

- de modo sucinto (2-3 frases);

- de modo concreto (no único exemplo);

- de modo condensado (no problema principal).

Contudo: por favor, não escreva palavras-chaves, mas FRASES INTEIRAS! – Inicialmente, isso pode parecer-lhe exagerado, mas você assume, de antemão, o que posteriormente de maneira imperiosa você precisa e, na prática, provoca mais dificuldades do que o esperado: a expressão linguística concisa, clara, de um fato.

C: Em nosso círculo cultural, é considerado "impróprio" – especialmente em cartas – começar frases com "EU". Por esse motivo, desacostumamo-nos desse início de frase.

No entanto, vamos ainda mais longe: também em meio a uma conversa, frequentemente ouvimos "faz-se", "a equipe", "o departamento" faz…, "nós" fazemos…, "fez-se"… e assim por diante.

Contudo, a quem pertencem os pontos fortes e as capacidades que você quer deveras demonstrar? É claro que pertencem unicamente a VOCÊ! Por isso, aconselhamos-lhe:

- Coragem para usar "EU" ao descrever sua contribuição.
- Para isso, porém, convém usar um VERBO ATIVO.

E com o risco de cair em descrédito junto aos linguistas, gostaria de acrescentar: para nosso propósito aqui, há verbos "mais ativos" e "menos ativos". Um exemplo? Com prazer:

"Eu elaborei, juntamente com meus colegas, um rascunho…"
soa diferentemente de
"Eu instruí meus colegas a elaborarem um rascunho…"

E ainda outro estímulo – mais subjetivo – para a apresentação oral: em alemão, usamos frequentemente o pretérito perfeito composto na língua falada e escrita: "Eu tenho… (feito)" encontra-se de cinco a seis vezes em muitas anotações, e nossa forma de expressão oral usa bastante esta forma. Tente, por exemplo, aproximar-se da gramática mais exata das línguas românicas e apresente no pretérito perfeito simples as atividades concluídas no passado: "Eu fiz…" Você ficará surpreso ao constatar como sua linguagem ganhará força e clareza.

Agora preste atenção às seguintes dicas para a apresentação de sua contribuição:

- verbos ativos (que reflitam sua produção);
- novamente apenas 2-3 frases (completas);
- apenas as (duas) ações (mais) importantes.

P: Agora você deseja avaliar o que foi conseguido. Tanto um ouvinte quanto um leitor esperam agora, curiosos, o progresso alcançado. *Que* um progresso tenha aparecido não é surpresa para ninguém. Para a demonstração de suas capacidades, muitas vezes não bastam, porém, as afirmações "mais rápido, mais barato, melhor, mais confiável" e assim por diante. Trata-se de tornar esse progresso persuasivo, apreciável, comparável, visível, "perceptível" e "notável". Por conseguinte, é necessário que você, na medida do possível, frequentemente

- quantifique (em reais, unidades de tempo, porcentagens, comparações, avaliações); ou
- comprove (mediante prêmios, promoções, bônus ou algo semelhante).

No entanto, é perfeitamente possível que você recorra à ajuda de uma estimativa. De qualquer maneira, esteja atento, na medida do possível, a exagerações – isto não é útil nem à autoavaliação realista, nem à credibilidade junto ao interlocutor (possivelmente experiente).

E há também exceções a essa regra: talvez você já tenha conseguido, alguma vez, levar à reconciliação ou pelo menos a uma colaboração construtiva dois empregados que competiam ferozmente entre si. De fato, o resultado dessa ação não é imediatamente mensurável, mas é bastante perceptível!

Para obter um relatório confiável de suas fortes capacidades e manter preparados pontos de contato suficientes para diversas situações e tarefas, utilize de 10 a 15 exemplos! Faça um passeio por suas situações profissionais e vitais particulares; enquanto isso, pense bastante também em um exemplo tirado do trabalho voluntário ou em uma situação privada, e reúna o máximo possível de resultados: "S – C – P".

A determinação das capacidades

Resta a pergunta sobre como, então, se podem deduzir as capacidades a partir desses exemplos. A chave para suas proeminentes qualificações reside principalmente nos verbos ativos. Se você organiza algo com êxito, presumivelmente oculta-se em você o "talento organizacional". Sua contribuição para despesas menores sugere que você tem "consciência dos custos". Se você, mais de uma vez, superou resistências internas, isto aponta para sua "capacidade de afirmação". Não desista logo depois de uma ou duas capacidades por "S – C – P". É sempre espantoso como, em um único exemplo, se escondem tantas dicas para suas capacidades!

Folha S – C – P – de estratégia B

Agora, faça uma lista de todas as capacidades tiradas do esquema "S – C – P", inicialmente não selecionadas. Em seguida, reflita se determinadas capacidades podem ser resumidas em um termo genérico comum. Depois, conte o número das denominações e anote o resultado por capacidade. Eventualmente, em seguida, acrescente esses números ao termo genérico comum. À capacidade, respectivamente, ao termo genérico com a denominação mais frequente, atribua agora o 1° lugar, e assim por diante.

Agora você sabe determinar a sequência das capacidades e o essencial de suas conquistas profissionais e pessoais.

S – C – P   Folha A   **Número:**

S: ....

....

....

C: ....

....

....

P: ....

....

....

Pontos fortes derivados:...

....

....

S – C – P   Folha B

Lista dos pontos fortes	Número	Sequência
....	....	....
....	....	....
....	....	....

....

....

....

....

....

....

....

....

....

....

....

....

12
QUADRO GERAL DE MINHAS PREFERÊNCIAS E AVERSÕES

Stefan Müller

Nos capítulos precedentes, você se preocupou com o desenvolvimento profissional e pessoal. Agora, gostaria de convidá-lo a mudar a perspectiva. Neste capítulo, você deve ocupar-se não apenas com reflexões em torno da profissão, mas também com duas perguntas sobre todas as esferas da vida. A primeira destas questões é:

- **Quais são as minhas preferências?**

As sugestões que se seguem devem ser apenas estímulos mentais para sua resposta inteiramente pessoal: enquanto alguém prefere retirar-se com um livro e ficar sozinho, outro busca a proximidade da família. Este tem predileção por conversar em grupos pequenos e familiares, e fica arrepiado à simples ideia de uma conversa casual; aquele ama eventos sociais e o encontro com "novas" pessoas. Há quem aprecie seu esporte preferido por causa do movimento corporal, enquanto outro com o objetivo de medir e incrementar suas capacidades em competição consigo mesmo. Em seu tempo livre, este faz as vezes de apaixonado guitarrista de *jazz*; aquele é um jovial ouvinte de música clássica. A ocupação com a natureza torna alguém um jardineiro criativo, ao passo que o fascínio pela técnica faz de outro um meticuloso modelador. Alguns deixam de lado o computador e sentam-se em casa, diante dos outros; mas há os que buscam o equilíbrio de bits e bytes em uma tarefa social ou eclesial, enquanto outros "esfriam a cabeça" mediante trabalho corporal pesado no bosque ou como agricultor temporário. Este quer um ambiente dinâmico e espontâneo; aquele prefere um ambiente mais reflexivo e ponderado.

Você não deve agora buscar os exemplos adequados. Formule suas próprias preferências e, nisso, por favor, seja honesto consigo mesmo. Precisamente as preferências incomuns mostram talvez, em primeira linha, todas as facetas de sua personalidade.

Em seguida, vem a segunda pergunta:

■ **Quais são as minhas aversões?**

Embora inicialmente assim pareça, isso não é apenas a contraprova para a primeira questão. Certamente, preferências e aversões são frequentemente polarizadas – se alguém odeia bate-papo, não buscará necessariamente eventos sociais. Aquele a quem a impontualidade enfurece, (espera-se) será ele próprio confiável.

No entanto, vale a pena, absolutamente, para esta segunda pergunta, "perscrutar" em si mesmo – que situações, acontecimentos ou desafios, quais formas de comportamento desencadeiam em mim uma resistência interior?

Em geral, tais reflexões aguçam novamente a capacidade de observação para as assim chamadas "trivialidades", que podem prejudicar sensivelmente seu entusiasmo para o que é mais importante e, portanto, sua eficiência, mais do que você quer admitir.

Uma vez, porém, que sua reação a determinadas tarefas, situações ou maneiras de comportamento, em caso extremo, pode provocar tensões e prejuízos psíquicos e/ou físicos, com esta análise, empreenda, possivelmente, uma pesquisa pela causa de suas dores ou enfermidades espirituais e físicas, que seriam totalmente evitadas em um ambiente adequado.

Minhas preferências

Minhas aversões

13

QUAIS CARACTERÍSTICAS MARCAM MINHA PERSONALIDADE?

COMO ISSO SE MOSTRA?

Stefan Müller

Quem afirma que uma pessoa inteligente jamais utilizaria os assim chamados "clichês" sem conhecer-lhes o profundo significado, ainda não leu os anúncios de classificados do FAZ (*Frankfurter Allgemeine Zeitung*) ou do *Süddeutschen Zeitung*. Evidentemente, caracterizar a si mesmo como oportuno e inconfundível é uma situação difícil...

Em princípio, os lugares-comuns não são condenáveis: todos precisam e fazem uso de determinada tipificação para descrever a si mesmos ou aos outros, e nisso recorrem a conceitos de acordo com definições inteiramente pessoais. A mais ou menos acentuada capacidade de diferenciação fortalece ou reduz certamente a inclinação ao uso consciente.

Contudo, mais problemático é que até mesmo especialistas em RH e gerentes lidam de modo bastante indiferente com os conceitos de "pontos fortes" e de "pontos fracos". Ambas as noções são estabelecidas como "absolutas" a partir do ponto de vista completamente pessoal, posto que as peculiaridades de uma pessoa raramente sejam, de antemão, um ponto positivo ou um ponto negativo.

Duas considerações relativas ao uso desses dois conceitos:

O primeiro pensamento é que a cunhagem de uma característica deve ser considerada sempre em relação a uma pessoa ou grupo tomados como referência. Em um ambiente onde se pensa e se age de modo bem objetivo, um pouco de empatia pode ser já proeminente, ao passo que a mesma medida em um círculo formado por pessoas muito sensíveis é vista antes como abaixo da média.

O segundo pensamento é de importância absolutamente fundamental para a orientação profissional: uma característica, no contexto de determinada tarefa, pode tornar-se um ponto forte, mas, em relação a outra tarefa, pode tornar-se um ponto fraco.

Um exemplo?

Se alguém possui a capacidade de permanecer bem concentrado, persistente em uma coisa, e passar horas a fio sem conversar, pode fazer um trabalho extraordinário na pesquisa ou no desenvolvimento de programas de computador. Caso a mesma pessoa seja mandada ao setor de vendas, provavelmente fracassará.

Em seu livro *Pedro e Paulo: quem decide? – O empreendedor e o administrador*, Mauritius Wilde compara Pedro, o "tipo administrador", com Paulo, o "tipo empreendedor". Ambos têm, respectivamente, notáveis capacidades, mas ambos lutam também com um ou outro traço extremado ou pouco acentuado de sua personalidade. E, por isso, ambos resvalam, afinal, em discussão em torno do correto andamento da comunidade.

A propósito da expressão "Na empresa, precisamos só de empreendedores", só posso sempre manear a cabeça. Haveria uma competição feroz se em uma empresa trabalhassem apenas os tipos empreendedores, a esforçar-se para alcançar o topo, querendo determinar o rumo, criar suas próprias regras, e assim por diante.

Quão rapidamente não fracassariam economicamente alguns empreendedores ou proprietários de bens, caso não tivessem um administrador meticuloso, cuidadoso e absolutamente confiável! A esses, provavelmente, faltaria, mais uma vez, a visão para um desenvolvimento pioneiro e sustentável da empresa.

No exercício seguinte anote, por favor, de 7 a 10 características que distinguem adequadamente sua personalidade. Em seguida, para cada uma dessas propriedades, apresente uma breve descrição em quais situações esse traço se mostra positivo e em quais momentos tem um impacto negativo.

Para isso, também um exemplo:

A qualidade poderia ser descrita como segue:

Paciente   *Escuto atentamente outras pessoas, permito-lhes falar à vontade e lhes concedo tempo para que encontrem a solução adequada.*

...mas

Às vezes, leva bastante tempo até que eu prossiga e, eventualmente, abusam de minha paciência. Com frequência, apresento minhas exigências tarde demais e, assim, prejudico a mim mesmo.

Neste exemplo, você percebe que a mesma característica pode ter consequências completamente diferentes. De um lado, provavelmente você será visto como interlocutor simpático e compreensivo; de outro, aqueles que reagem mais impacientemente talvez queiram obter mais rapidamente seus resultados.

Portanto: não procure presumivelmente apenas por "boas" qualidades – precisamente esta distinção é, para sermos exatos, mais um exemplo do pensamento estereotipado a respeito deste tema. Um vendedor de produtos de marca, em serviço de campo, em determinadas circunstâncias só obtém sucesso com uma pitada de agressividade, uma qualidade que tem uma conotação bastante negativa entre nós. Anselm Grün admoesta reiteradamente a acolhermos nossas próprias agressões e considerá-las como fonte de energia que de forma alguma age destrutivamente, mas depois de contratempos permite nos reerguermos e lutarmos por uma coisa boa.

Se você realizou cuidadosamente este exercício, você está preparado para um tema que é muito utilizado nas entrevistas de emprego; a saber, a pergunta: "Quais são seus pontos fortes e seus pontos fracos?" ou o desafio – utilizado por entrevistadores espertos: "Por favor, mencione três de seus pontos fortes e três de seus pontos fracos". O último desafio mencionado quase sempre leva a que o candidato mencione três pontos fortes e emperre nos pontos fracos.

Com a meditação deste capítulo, você está em condições de falar sobre suas qualidades de modo diferenciado e autocrítico, sem precisar desmantelar-se. Se você, por exemplo, entende rapidamente novos conteúdos e em breve tempo desenvolve uma tentativa de solução, você corre de vez em quando o risco de, eventualmente, distanciar-se dos colegas, não lhes deixando tempo suficiente para acompanhar seu ritmo. Se, além disso, você puder dizer que tomou plena consciência desse ponto e que, portanto, acostumou-se a perguntas de controle a fim de nada deixar passar, com certeza seu interlocutor reagirá de modo diferente do que reagiria diante da trivial e surrada afirmação "eu sou impaciente".

Qualidade	Descrição
1)	....
2)	....
3)	....
4)	....
5)	....

6)	....
	....
	....
	....
7)	....
	....
	....
	....
	....
8)	....
	....
	....
	....
9)	....
	....
	....
	....
10)	....
	....
	....
	....

14

COMO AS PESSOAS DE MEU CÍRCULO MAIS ÍNTIMO ME VEEM?

Stefan Müller

No conselho "Amarás teu próximo como a ti mesmo" (Mt 22,37-39), esconde-se uma condição: somente pode aceitar o próximo com suas peculiaridades aquele que também está em condições de aceitar a si mesmo.

Expresso de outra maneira, poder-se-ia dizer que somente é bom ou pode ser bom para os outros quem também é bom para si mesmo. Já me deparei com muitos executivos que não se permitem nenhuma vida privada equilibrada ou fogem de seus assuntos íntimos e, por isso, também não permitem esse espaço livre a seus empregados. Em contrapartida, aquele que, de modo geral, tem respeito pela "pessoa inteira" do empregado e por suas necessidades, ele próprio se encontra em um bom equilíbrio entre trabalho, família e amigos, preocupações pessoais e sua espiritualidade.

De acordo com minha experiência, no entanto, existem duas variações para essa regra:

Há pessoas que, aparentemente, são boas apenas para os outros: desgastam-se por eles, fazem qualquer esforço para agradar aos demais. No entanto, com isso descambam sempre mais para o esgotamento e para a amargura. Aqui caberia a pergunta, se tais pessoas, na verdade, não estariam querendo satisfazer uma necessidade pessoal: serem vistas, obter reconhecimento, enfim, serem amadas.

E, infelizmente, existem também pessoas que amam apenas a si mesmas. Para elas é inteiramente indiferente o que suas palavras e suas ações provocam nos outros: estão tão convencidas de si mesmas, que consideram perda de tempo uma reflexão pessoal e um olhar crítico sobre si mesmas.

Nesse sentido, é interessante saber dos outros como eles nos veem e que imagens lhes vêm à mente quando pensam em nós. Jesus também se interessou em saber como "as pessoas" o viam. No entanto, mais importante era que imagem tinham as pessoas de seu círculo mais íntimo (cf. Mt 16,13-16). Quando, em relação a Pedro, conseguiu estar seguro de que ele o reconhecera em sua verdadeira identidade, pôde, então, ter grande confiança nele e conferir-lhe uma função proeminente (Mt 16,17ss.).

Ora, infelizmente não é garantido que o outro receba o que eu *desejo* enviar. O modelo básico da comunicação mostra não apenas os envolvidos, mas também as possíveis fontes de interferência de uma transmissão de sinal:

Emissor → Transmissão → Receptor

Caso não houvesse "mal-entendidos" entre as pessoas, a humanidade certamente seria poupada de incontáveis conflitos. Mal-entendidos surgem porque alguém

- ouve algo diferente do que eu digo;
- vê algo diferente do que eu mostro;
- percebe algo diferente do que eu quero dar a entender.

Outro enorme fator de distúrbio da percepção de minha pessoa por parte de outras pessoas esconde-se no fato de eu acreditar dever satisfazer determinadas expectativas de meu ambiente.

Desse modo, meu comportamento e, portanto, as qualidades observadas em mim, em diversas situações da vida, em determinadas circunstâncias, mudam consideravelmente. Eu me adapto, desempenho esse ou aquele papel. Certa vez, um homem inteligente me disse: "A capacidade de adaptação move-se entre o desempenho da inteligência e a fraqueza de caráter".

Quanto mais eu me oriento pelas assim chamadas "leis implícitas", ou me submeto a elas, menos meu comportamento visível corresponde à minha verdadeira personalidade. Em todo caso, a atitude do "receptor" marca decisivamente a avaliação da imagem que é recebida de mim – em uma frase: nada é tão subjetivo quanto o efeito que provoco nos outros! Por conseguinte, a imagem perceptível de uma pessoa na esfera privada também se diferencia mais ou menos frequentemente daquela que os superiores ou companheiros percebem.

Os ruídos atmosféricos se "suavizam" tanto na esfera profissional quanto no âmbito privado principalmente quando se tem um confronto com a própria autoimagem – uma honesta imagem pública. Quem poderia traçar mais adequadamente essa imagem do que, de um lado, as pessoas com quem você trabalha, e, de outro, aquelas com quem você partilha os altos e baixos da vida? Por isso, este capítulo é dedicado à comparação de sua autoavaliação com a avalição alheia de seus superiores e de seus colegas ou colaboradores, bem como de seu cônjuge e, eventualmente, de seus filhos, igualmente de seus amigos.

Em primeiro lugar, faça, por favor, uma autoavaliação servindo-se da tabela que se segue. Para isso, considere cada uma das características, sem exceção, e aproveite toda a extensão entre "muito acentuada" e "pouco acentuada". Via de regra, seu primeiro impulso é a linguagem de seu íntimo; portanto, você já não deveria, em seguida, corrigir ou "melhorar" a imagem com reflexões racionais.

Em seguida, quanto possível, convide diversas pessoas de seu ambiente próximo ou remoto a uma avaliação externa.

Encoraje expressamente todas elas a uma resposta franca, tirando vantagem de *toda* a escala; do contrário, surgem eventuais imagens complacentes pouco conflitantes. Cada um deve lidar com o conceito tal como o compreende ("ambicioso", por exemplo, é considerado mais positivo para uns e mais negativo para outros).

Incialmente, não discuta a respeito dos resultados individuais, mas reúna tudo e construa uma visão geral que mostre a extensão e a condensação das respostas em comparação com sua autoavaliação. Somente então indague pessoas escolhidas, de confiança, a respeito das imagens delas. Particularmente interessantes são, obviamente, divergências significativas entre sua autoimagem e as imagens individuais alheias, e uma discussão em torno disso.

Autoavaliação

Característica	Muito pouco acentuada	Fortemente acentuada
Pode organizar bem.	☐☐☐	☐☐☐
Trabalha com eficiência.	☐☐☐	☐☐☐
Trabalha rápido.	☐☐☐	☐☐☐

Característica	Muito pouco acentuada			Fortemente acentuada		
Age de forma decida.	☐	☐	☐	☐	☐	☐
É capaz de entusiasmar-se.	☐	☐	☐	☐	☐	☐
Toma a iniciativa.	☐	☐	☐	☐	☐	☐
Age com autonomia.	☐	☐	☐	☐	☐	☐
Age com determinação.	☐	☐	☐	☐	☐	☐
Tem capacidade de afirmação.	☐	☐	☐	☐	☐	☐
É ambicioso.	☐	☐	☐	☐	☐	☐
Reage com flexibilidade.	☐	☐	☐	☐	☐	☐
Gosta de controlar os outros.	☐	☐	☐	☐	☐	☐
Gosta de controlar o próprio trabalho.	☐	☐	☐	☐	☐	☐
Age de forma estimulante.	☐	☐	☐	☐	☐	☐
É persistente.	☐	☐	☐	☐	☐	☐

É flexível. ☐☐☐ ☐☐☐

Mostra prontidão no agir. ☐☐☐ ☐☐☐

Age conscientemente. ☐☐☐ ☐☐☐

Dispõe-se a assumir
responsabilidades. ☐☐☐ ☐☐☐

É confiável. ☐☐☐ ☐☐☐

Sabe lidar com o conflito. ☐☐☐ ☐☐☐

Trabalha com disciplina. ☐☐☐ ☐☐☐

Avalia objetivamente. ☐☐☐ ☐☐☐

Mostra-se fisicamente apto. ☐☐☐ ☐☐☐

Gosta de delegar. ☐☐☐ ☐☐☐

Age com equilíbrio. ☐☐☐ ☐☐☐

Reage de modo receptivo. ☐☐☐ ☐☐☐

É sensível... ☐☐☐ ☐☐☐

Característica	Muito pouco acentuada			Fortemente acentuada		
...ao mesmo tempo é compreensivo...	□	□	□	□	□	□
...e delicado.	□	□	□	□	□	□
Capaz de trabalhar em equipe.	□	□	□	□	□	□
É tolerante.	□	□	□	□	□	□
É comunicativo.	□	□	□	□	□	□
Desperta simpatia.	□	□	□	□	□	□
É detalhista.	□	□	□	□	□	□
Tem competência social.	□	□	□	□	□	□
Tem comportamento social adequado.	□	□	□	□	□	□
Tem boa capacidade de percepção.	□	□	□	□	□	□
Tem boa memória.	□	□	□	□	□	□

É inteligente.	☐☐☐	☐☐☐
Trabalha concentrado.	☐☐☐	☐☐☐
É aberto à aprendizagem.	☐☐☐	☐☐☐
Tem pensamento lógico.	☐☐☐	☐☐☐
Resolve problemas.	☐☐☐	☐☐☐
É criativo no que faz.	☐☐☐	☐☐☐
É artisticamente criativo.	☐☐☐	☐☐☐

Avaliação externa

"Obrigado por você estar disposto a fazer sua avaliação como superior/colega/colaborador/membro da família/amigo! Seu comentário é um valioso apoio para meu futuro desenvolvimento."

O conteúdo deste questionário diz respeito a homens e mulheres igualmente. Para facilitar a leitura será usada principalmente a forma masculina (p. ex. colaborador).

Nome da pessoa avaliada: ....

Por favor, assinale em que posição hierárquica você se encontra em relação à pessoa supramencionada:

Superior   Colega   Colaborador   Família   Amigo

Por favor, faça sua própria avaliação, sem influência alheia, como você vê a pessoa acima nomeada. Procure fazer uma avaliação de todas as características. Sua compreensão totalmente pessoal da característica é sempre correta. Ouse ser realmente sincero e aproveite toda a extensão da escala. Com isso, sua afirmação será ainda mais perceptível.

Característica	Muito pouco acentuada			Fortemente acentuada		
Pode organizar bem.	☐	☐	☐	☐	☐	☐
Trabalha com eficiência.	☐	☐	☐	☐	☐	☐
Trabalha rápido.	☐	☐	☐	☐	☐	☐
Age de forma decidida.	☐	☐	☐	☐	☐	☐
É capaz de entusiasmar-se.	☐	☐	☐	☐	☐	☐
Toma a iniciativa.	☐	☐	☐	☐	☐	☐
Age com autonomia.	☐	☐	☐	☐	☐	☐
Age com determinação.	☐	☐	☐	☐	☐	☐
Tem capacidade de afirmação.	☐	☐	☐	☐	☐	☐
É ambicioso.	☐	☐	☐	☐	☐	☐
Reage com flexibilidade.	☐	☐	☐	☐	☐	☐
Gosta de controlar os outros.	☐	☐	☐	☐	☐	☐

Característica	Muito pouco acentuada			Fortemente acentuada		
Gosta de controlar o próprio trabalho.	☐	☐	☐	☐	☐	☐
Age de forma estimulante.	☐	☐	☐	☐	☐	☐
É persistente.	☐	☐	☐	☐	☐	☐
É flexível.	☐	☐	☐	☐	☐	☐
Mostra prontidão no agir.	☐	☐	☐	☐	☐	☐
Age conscientemente.	☐	☐	☐	☐	☐	☐
Dispõe-se a assumir responsabilidades.	☐	☐	☐	☐	☐	☐
É confiável.	☐	☐	☐	☐	☐	☐
Sabe lidar com o conflito.	☐	☐	☐	☐	☐	☐
Trabalha com disciplina.	☐	☐	☐	☐	☐	☐
Avalia objetivamente.	☐	☐	☐	☐	☐	☐
Mostra-se fisicamente apto.	☐	☐	☐	☐	☐	☐

Gosta de delegar. ☐☐☐ ☐☐☐

Age com equilíbrio. ☐☐☐ ☐☐☐

Reage de modo receptivo. ☐☐☐ ☐☐☐

É sensível... ☐☐☐ ☐☐☐

...e ao mesmo tempo compreensivo... ☐☐☐ ☐☐☐

...e delicado ☐☐☐ ☐☐☐

Capaz de trabalhar em equipe. ☐☐☐ ☐☐☐

É tolerante. ☐☐☐ ☐☐☐

É comunicativo. ☐☐☐ ☐☐☐

Desperta simpatia. ☐☐☐ ☐☐☐

É detalhista. ☐☐☐ ☐☐☐

Tem competência social. ☐☐☐ ☐☐☐

Tem comportamento social adequado. ☐☐☐ ☐☐☐

Característica	Muito pouco acentuada			Fortemente acentuada		
Tem boa capacidade de percepção.	☐	☐	☐	☐	☐	☐
Tem boa memória.	☐	☐	☐	☐	☐	☐
É inteligente.	☐	☐	☐	☐	☐	☐
Trabalha concentrado.	☐	☐	☐	☐	☐	☐
É aberto à aprendizagem.	☐	☐	☐	☐	☐	☐
Tem pensamento lógico.	☐	☐	☐	☐	☐	☐
Resolve problemas.	☐	☐	☐	☐	☐	☐
É criativo no que faz.	☐	☐	☐	☐	☐	☐
É artisticamente criativo.	☐	☐	☐	☐	☐	☐

Obrigado por sua avaliação!

15

AUTOCONHECIMENTO

Anselm Grün

A razão por que autoavaliação e avaliação externa divergem tão frequentemente reside em um autoconhecimento deficiente. Faz parte do autoconhecimento não apenas reconhecer os pontos fortes e os pontos fracos, mas também meu lado sombrio. O conceito de "sombras" provém do psicoterapeuta suíço Carl Gustav Jung. Ele parte do princípio de que cada um de nós sempre tem em si dois polos: amor e agressão, razão e emoção, confiança e medo, sensibilidade e dureza, disciplina e indisciplina. Na primeira metade da vida, com frequência vivemos apenas um polo. O outro polo, que a gente negligencia, desliza para as sombras. No entanto, dali, apesar de tudo, ele terá influência sobre nós e sobre nosso ambiente. Uma pessoa que vive unilateralmente seu lado racional reprime seus sentimentos no inconsciente. Contudo, dali eles vão invadi-lo com sentimentalidade. Assim, ele não terá seus sentimentos: os sentimentos é que o dominarão; eles o inundam.

As sombras influenciam não somente o indivíduo, mas também seu ambiente. Frequentemente, sentimos como por trás de uma fachada amigável oculta-se um profundo desprezo humano ou como por trás de uma aparência confiante esconde-se um complexo de inferioridade. O ambiente percebe o que alguém reprime. Um exemplo: acompanhei um sacerdote que era muito amável. Entretanto, depois de uma hora de diálogo, eu estava cheio de agressões. Inicialmente, pensei que o problema estava em mim. O sacerdote acabou por despertar em mim lembranças de pessoas com as quais eu tivera más experiências. Contudo, na supervisão, ficou claro para mim que este homem tinha uma agressão passiva. Ele reprimiu sua agressão no inconsciente. Seu aspecto era cordial, mas por trás escondiam-se agressões. Ele próprio não experimenta, de forma alguma, tais agressões reprimidas, mas seu ambiente as assimila. Com frequência, acontece isso: determinado chefe, por exemplo, é sempre robusto e jamais adoece; contudo, ao seu redor, acumulam-se os casos de doença. Seu lado fraco reprimido é assumido pelas outras pessoas.

A avaliação externa pode ser útil para assumir meu lado sombrio reprimido. Não seria apropriado descartar os aspectos negativos que os outros refletem de mim apenas como problema deles. Talvez se devam atribuir 80% à visão subjetiva delas, mas os 20% restantes eu deveria assumir como espelho e perguntar-me: Naquilo que reprimi, o que os outros estariam a indicar-me?

Para o conhecimento de minhas sombras, existem ainda duas outras fontes importantes. Uma das fontes são reações exageradas de minha parte. Quando reajo mui sensivelmente com alguém, isso sempre mostra minhas sombras. A outra lembra-me do que reprimi em mim. Hermann Hesse disse certa vez: "O que não está em nós não nos irrita". Quando, portanto, me irrito muito com alguém, deveria perguntar-me se, em todo caso, isso não tem a ver com minhas sombras reprimidas. O outro experimenta o que reprimi, o que me proibi. A outra fonte para o autêntico autoconhecimento são os sonhos. Sonhos de perseguição são sempre sonhos das sombras. Aquilo que me persegue no sonho aponta para minhas sombras. Quando é um criminoso que me persegue, isso mostra que não assumi um lado de meu *animus*, o lado masculino. E quando se trata de feras que me perseguem, apontam elas para um lado dos impulsos que não integrei.

Autoconhecimento é um processo que dura anos. Nós nunca terminamos de nos autoconhecer. Por conseguinte, sempre deveríamos deter-nos e indagar: O que dizem minhas reações sobre mim mesmo? A quem insulto continuamente? Não estou a falar sobre mim mesmo e sobre minhas sombras reprimidas? O que me dizem meus sonhos sobre mim mesmo? E o que diz a meu respeito a reação dos que me rodeiam?

16

FATORES DA PERSONALIDADE

MINHAS MARCAS PARA TODA A VIDA?

Stefan Müller

Quem acredita poder "reeducar" uma pessoa de 45 anos de idade ou chega três décadas atrasado ou emprega meios desumanos. Mais do que até agora, os resultados atuais da pesquisa partem do fato de que já recém-nascidos e crianças pequenas são marcados por toda a vida por percepções pré-natais e pelo ambiente em que vivem (principalmente pelos pais). Uma criança que teve pais ansiosos, com muita probabilidade se tornará uma pessoa ansiosa.

Em relação a nossos filhos, gostamos de falar de "pequenas personalidades" quando nos sentimos orgulhosos deles; quando eles, porém, impiedosamente espelham e exibem os próprios padrões, também nos irritamos muito rápido contra eles e, na verdade, contra nós mesmos.

Contudo, isso não significa, de forma alguma que uma pessoa cuja consciência do eu aumenta no decorrer de sua vida não poderia aprender, lidar mais inteligentemente com suas possibilidades, superar supostos limites e aceitar os existentes. Ela pode conscientizar-se de determinados costumes ou maneiras de comportamento e futuramente agir de modo mais habilidoso, acostumar-se a ou desacostumar-se de algo, no final das contas, trazendo assim, a público, também uma imagem diferente.

Caso esta forma de adaptação (confira também o capítulo "Como me veem as pessoas de meu círculo mais íntimo?") – necessária em todo relacionamento interpessoal – atinja o grau da autonegação, então cresce desproporcionalmente o desperdício de energia e, cedo ou tarde, isso tem consequências elementares. Contudo, a depender da estrutura da personalidade, da explosão emocional incontrolada, passando por danos psicossomáticos até atos irracionais repentinos, pode aparecer algo "completamente inesperado", cujos efeitos, para o indivíduo e para as pessoas que o rodeiam, são imprevisíveis.

Portanto, a pergunta deve ser feita também em sentido inverso:

Até que ponto é possível que eu – tal como sou – em outro ambiente espacial, em outra (forma de) organização, com outra atividade, em outro relacionamento interpessoal, e assim por diante, possa desenvolver-me melhor, possa ser mais eu mesmo, possa fazer menos concessões, não resignar-me, não render-me, não provocar conflitos tão frequentemente?

Por conseguinte, quando falamos de fatores da personalidade, poderíamos denominar a soma desses fatores também de estrutura de personalidade. No entanto, como posso obter uma imagem de minha estrutura de personalidade?

Neste ponto, tornam-se importantes os testes de personalidade. A palavra "teste" deriva do latim "testa" (cacos, apetrechos de louça), que indicava uma caçarola para experimentar, testar, provar uma comida. Nesse sentido, até mesmo Davi pede a Deus que o submeta a um teste: "Examina-me, ó Deus, e conhece meu coração, prova-me e conhece meus sentimentos" (Sl 139,23). No versículo seguinte, ele o convida a considerar seu caminho e a guiá-lo pelo caminho correto (para Ele).

A respeito do assunto teste, não quero inserir nenhuma análise detalhada, cientificamente documentada, mas apenas dar algumas indicações bem práticas. A oferta de testes de personalidade é gigantesca: vai desde testes unidimensionais e, às vezes, muito simples em revistas e jornais, até os custosos – e durante anos experimentados – métodos de avaliação do diagnóstico de aptidão psicologicamente fundamentado.

Contudo, mesmo ali é preciso sempre de novo fazer a pergunta sobre em que medida os três critérios de qualidade são preenchidos: confiabilidade (como é medido exatamente um traço da personalidade ou do comportamento, quão repetível é essa medida sob eventuais diferentes influências sobre a pessoa), validade (medido realmente o que deve ser medido, as afirmações ou conclusões que repousam sobre a mensuração são confiáveis) e objetividade (o resultado é o mais amplamente possível independente do condutor do teste). A isso se acrescenta que os testes e seus relatórios estão em completa referência ao contexto social (alterável) e à cultura e mentalidade correspondentes e, portanto, não podem ser utilizados, sem mais, em todo lugar e em qualquer contexto. De igual modo, a definição subjacente de um grupo de controle e de suas possíveis capacidades desempenha considerável papel na construção do teste.

Portanto, seja cuidadoso com autotestes sem acompanhamento profissional – no final, você fica confuso ou frustrado, sem poder tirar do resultado uma utilidade prática. Informe-se bem precisamente quem e com que qualificação oferece testes.

Na dúvida, é substancialmente mais inteligente investir algum dinheiro em um instituto profissional, mas que trabalhe com testes fundamentados segundo os supracitados critérios de qualidade e – da máxima importância, em minha opinião –, mediante um conselheiro bem instruído e experiente, que lhe dê um retorno pessoal, incluindo indicações concretas com as quais você possa começar, e que não o deixe, de maneira nenhuma, sozinho com um resultado por escrito, possivelmente formulado de maneira técnica.

Ademais, é decisivo que tais testes devam sempre contribuir unicamente como pedra de construção de todo um mosaico. Considero extremamente perigosos os procedimentos das assim chamadas "auditorias administrativas", nas quais, com um ou dois testes e com cerca de duas a três horas de entrevistas, se decide conclusivamente a respeito da qualificação de uma pessoa e de sua aptidão para determinada tarefa. Os testes têm, sem dúvida, seu lugar quando a eles se recorre para se verificar, concretizar ou até mesmo corrigir outras observações. No entanto, eles não podem jamais ser instrumentos únicos da avaliação pessoal.

17

POSTURA COMUNICATIVA

O ÍNTIMO PARENTESCO ENTRE PALAVRA E AÇÃO

Stefan Müller

"Teu modo de falar te denuncia" (Mt 26,73) – esta citação bíblica tem um sentido muito vasto. O modo de falar identifica não apenas a pertença a uma nação, a um povo ou a um grupo linguístico. A maneira *pela qual* nos comunicamos – escolha de palavras, sintaxe, fluência e estrutura de nossa comunicação – é um espelho de nosso caráter, do nosso modo de pensar e de agir.

É espantoso que já exterioridades, por exemplo, a forma da instalação do escritório, a organização da mesa de trabalho e a roupa podem levar às primeiras conclusões a respeito do interlocutor. A própria condução do diálogo, a introdução, a duração, o término, a atmosfera, a estrutura do assunto e o conteúdo oferecem outras indicações a respeito de se existem boas pressuposições para a "química pessoal" ou se a colaboração exige concessões bastante grandes de ambas as partes.

De um lado, algumas entrevistas de trabalho poderiam acabar depois da saudação ou depois de cinco minutos de conversa, pois se percebe que não há como congregar-se. Por questão de cortesia ou a fim de evitar ser acusado de discriminação, os interlocutores continuam a falar um com o outro ainda durante alguns instantes, na maioria das vezes com o efeito de uma profecia autorrealizada e raramente com uma mudança posterior da imagem do outro.

A causa para muitas sensações negativas no ambiente de trabalho e do gatilho de muitas demissões é o deficiente "comprimento da onda" pessoal, ainda que sejam pré-testadas as assim chamadas justificações objetivas. A esse respeito, às vezes, fala-se do "modelo da montanha de gelo" – acima, mostram-se os aparentemente sóbrios argumentos; por baixo, no entanto, escondem-se imagens e percepções que são ligadas a experiências pessoais e das quais surgem sentimentos, ansiedades, apreensões e reações inconscientes. Segundo as mais recentes descobertas, somos governados de 90-95% por nosso inconsciente e apenas de 5-10% por nosso consciente.

Basta que você, através de determinada pessoa, seja lembrado de alguém a quem você liga sentimentos negativos, e pode também acontecer que baste seu aspecto exterior para levar outra pessoa a reações semelhantes. Com nossa delicadeza, nosso domínio e certamente também com certa rotina na comunicação diária eliminamos tais sensações, sem, contudo, precisar reprimi-las.

Isso vale também para a língua (materna), o dialeto, a entonação, a escolha das palavras, a postura corporal, a mímica, a gesticulação e, com isso, toda a expressão de uma pessoa.

Por conseguinte, quando você encontrar pessoas e depois de um diálogo aparentemente bem-sucedido e amável, você experimentar ou sentir dentro de si rejeição, pense que duas naturezas subjetivas se encontraram.

Ora, através de leis, de um lado, e através do anonimato do processo de candidatura, de outro, é muito difícil ir ao encontro dessa subjetividade. O PCI (Princípio Constitucional da Igualdade) é uma tentativa de dar uma resposta à discriminação segundo determinados critérios (nacionalidade, cor da pele, sexo, idade e assim por diante). A tendência, discutida agora entre nós de permitir apresentar candidaturas sem fotografia, sem data e lugar de nascimento, eventualmente até mesmo sem nomes, transfere a subjetividade de minha opinião para o primeiro contato pessoal apenas, que se dá sempre mais frequentemente por telefone, ou acontece justamente em uma entrevista. Caso as candidaturas anônimas devessem impor-se, presumo que as empresas não convidarão (não poderão convidar) frequentemente, mas trabalharão fortemente com folhas de teste enviadas antecipadamente e com entrevistas por telefone.

Visto que, em todo caso, os acima descritos mecanismos de nosso inconsciente atuam, nossos interlocutores ou nós procuramos novamente argumentos e certamente também encontramos alguns para "objetivar" nossas impressões.

De acordo com toda a experiência, considero essencialmente mais inteligente admitir que recebemos de presente uma sensação que nos mostra prematuramente, do ponto de vista profissional e privado, quão próximos podemos chegar de uma pessoa. Se empregarmos esse maravilhoso instrumento, pode muito bem dar certo trabalhar juntos em determinado contexto. De fato, reduzimos eventualmente nossas expectativas interpessoais em relação aos outros, mitigando, assim, decepções; combinamos saber e poder e, ao mesmo tempo, nos preparamos para o fato de que o outro jamais serve apenas ao todo, mas também busca suas metas pessoais. Exatamente como nós.

Sempre fui consultor em organizações cristãs e colaborei com lideranças no campo beneficente. Às vezes, porém, tinha a impressão de que ali havia mais ofensas e decepções do que em outras empresas. A razão disso poderia ser que todos esperavam uns dos outros um comportamento especialmente "cristão", interpretando isso, porém, como se o outro devesse o mais "humildemente" possível aceitar sua opinião. Dito de outro modo: em vez de uma cultura viva de conflitos, da qual também faz parte seja uma palavra sincera, seja aceitar decisões tomadas, o outro deve "negar-se" e, com isso, provocar o mínimo possível de dificuldades.

A linguagem e o comportamento no conflito e, no geral, sob pressão especial ou sob estresse, mudam claramente em diversas pessoas: algumas agem em desescalada e se esforçam seriamente por tornar as coisas mais objetivas, outras ficam confusas, outras ainda insistem em fazer a todo custo e outras mais têm tamanho pavor de falhar, que já nada mais fazem. E, finalmente, alguns sonham para si um mundo melhor e fogem interiormente perante a realidade.

Observe, por fim, a si mesmo: Como muda sua linguagem e, com isso, seu comportamento, sob a pressão de grande quantidade de trabalho e prazos exíguos? O que lhe acontece em discussões (não) objetivas, como você reage a injustiças sentidas? Como você se sente em (demasiada) complexidade ou confusão?

Gostaria de aqui dissipar o amplamente difuso erro do "típico" modelo de comportamento e de comunicação: em geral, alguns só começam a pensar logicamente e a trabalhar corretamente sob alta pressão por rendimentos, enquanto outros dificilmente mudam, e outros ainda reagem de forma completamente exagerada.

Mais um exemplo: há pessoas que, sob estresse, conseguem pensar, falar e agir de maneira absolutamente clara e sóbria, mas talvez reajam de modo completamente incompreensivo em relação aos sentimentos dos semelhantes mais emotivos, ou seja, têm uma visão em túnel para o problema e simplesmente já não percebem os outros em suas necessidades. No caso de outras pessoas, a pressão leva a um bloqueio e à mudez que as paralisam em seu trabalho e as impedem de defender seu ponto de vista. A depender do caso, elas ainda "funcionam" por algum tempo, mas depois se retraem para seu isolamento interior.

Em conflitos, de modo ideal, a pessoa deveria dominar todas as três estratégias "arcaicas": atacar, fingir-se de morto ou fugir. Deixo à sua fantasia como isso poderia aparecer na comunicação empresarial hodierna...

Nosso problema é que muitos de nós nos ancoramos no modelo de apenas uma dessas três estratégias. Aqui está um campo de aprendizado no trato consigo mesmo e com os outros que muito lhe pode ajudar a controlar melhor o dia a dia. E também aqui existem maravilhosas instruções e acompanhamento profissional para sentir, aprender, exercitar e comportar-se de modo mais adequado no futuro, sem dobrar-se.

18

DIZER, DISCURSAR, FALAR

Anselm Grün

Quando falo com um futuro colaborador, presto muita atenção à sua linguagem. Não ligo para a gramática, mas para a entonação e para o modo pelo qual ele fala de outras pessoas. Observo se sua linguagem é valorizadora, depreciativa, condenatória; se o locutor, com sua linguagem, coloca a si mesmo no centro, se ele fala constantemente de si e de seus grandes feitos, ou se ele fala de si mesmo e de seu bom êxito de maneira clara e sincera, mas, ao mesmo tempo, agradecida e humilde. Acima de tudo, porém, reparo se, em sua linguagem, eu o encontro pessoalmente, ou se ele se esconde por trás de palavras vazias e estereotipadas. Hoje existe uma fria "linguagem comercial". Quem fala essa linguagem fria, esconde-se por trás de uma fachada neutra e tranquila. Eu, no entanto, não encontrarei essa pessoa. Eu sempre observo a atitude das pessoas, se sinto a pessoa, se reconheço a pessoa por trás de suas palavras e em suas palavras.

Contudo, se eu próprio fosse apresentar-me em uma empresa – o que, na condição de monge, não preciso, graças a Deus –, eu também teria cuidado com a linguagem que se fala em tal empresa. É uma linguagem calorosa ou fria? É uma linguagem que valoriza ou que julga? Nessa firma, como se fala da pessoa, dos colaboradores e como se fala dos concorrentes? Trata-se de uma linguagem agressiva ou de uma linguagem arrogante, que se eleva acima dos outros concorrentes e fala mal deles?

Com a linguagem, construímos uma casa: ou uma casa fria, na qual ninguém gostaria de morar, ou uma casa acolhedora, na qual as pessoas gostam de ficar, de conversar umas com as outras. A linguagem de Jesus era uma linguagem calorosa. Os discípulos dizem: "Não estava ardendo o nosso coração quando Ele nos falava pelo caminho e nos explicava as Escrituras?" (Lc 24,32). Eu não gostaria de morar em uma casa fria, e não gostaria de morar em uma casa na qual devesse contar o tempo todo com quaisquer alfinetadas e flechas envenenadas. Gostaria apenas de morar em uma casa na qual eu pudesse ser eu mesmo, na qual eu, tal como sou, fosse acolhido e valorizado. A linguagem com que o representante da empresa se dirige a mim, na condição daquele que está à procura de emprego, revela o espírito da empresa.

Jesus diz de si mesmo: "Vós já estais limpos por causa da palavra que vos falei" (Jo 15,3). Jesus falou de tal modo que seus ouvintes se sentiram bem, sentiram-se limpos e acolhidos, em sintonia consigo mesmos. E Ele disse de si mesmo que, mediante suas palavras, transmite a alegria a seus discípulos (cf. Jo 15,11). Jesus transmitia francamente uma irradiação positiva quando falava. Sei bem como me sinto quando alguém me censura, me passa um sermão, tenta persuadir-me, quando gostaria de doutrinar-me. Não me sinto nada bem. Portanto, preste bem atenção em como você se sente quando fala com o representante da empresa. Você se sente compreendido, levado a sério, valorizado? Ou você se sente interrogado, doutrinado, diminuído, avaliado ou até mesmo desvalorizado? Somente onde a linguagem constrói uma casa na qual alguém se sente bem, na qual tenha prazer em viver e trabalhar, vale a pena participar seriamente de uma candidatura de emprego.

Em alemão, faz-se a distinção entre: dizer (*sagen*), discursar (*reden*), falar (*sprechen*). Dizer significa: mostrar algo, apontar para algo. Discursar significa: dar uma explicação completa, fundamentar algo. Falar vem de "irromper, irromper de mim" [*bersten, aus mir hervorbrechen*]. Quando parolamos muito, existe apenas um discurso. Algumas entrevistas de trabalho não são conversas, apenas discurso. Uma conversa só surge quando falamos um com o outro, quando falo de coração. Quando apenas me escondo por trás de justificativas, surgirá um discurso. Somente na conversa é que sentimos a nós mesmos e ao outro. E somente mediante um diálogo pode crescer um relacionamento que, em seguida, também pode perdurar no dia a dia da empresa.

19

GESTÃO DE PESSOAS

ALEGRIA E PESO OU ESPELHO DE MEU PODER?

Stefan Müller

Em quase todas as situações profissionais deparamo-nos com o assunto "liderar e ser liderado". Encontramos sempre o tema "autoliderança". Por essa razão, este capítulo não oferece apenas elementos que ajudem (futuros) executivos a pensar. Cada um de nós pode chegar a situações nas quais sua liderança é questionada. E cada um pode, no entanto, também deparar-se com limites dos quais anteriormente não tinha (tanta) consciência.

Já Moisés precisou reconhecer que ele, na liderança do povo de Israel, deparou-se com os limites de sua eficiência e de sua força. Pediu conselhos a seu sogro, cedendo um pouco da responsabilidade, e nomeou homens confiáveis do povo a fim de confiar-lhes a responsabilidade sobre diferentes grandes grupos. Assim, deparou-se com algo que ele, por si só, não conseguia regular (cf. Ex 18). Deve-se tratar aqui do primeiro exemplo provado de uma delegação eficaz.

Neste capítulo não queremos apresentar-lhe nenhum outro modelo do tipo "Como lidero corretamente?" Várias de nossas considerações utilizadas mostram que líderes e liderados podem, sem mais, levar *ad absurdum* impressionantes modelos teóricos em virtude de sua estrutura de personalidade. A "adaptação mútua", ou seja, o "ir ao encontro do outro", desempenha, portanto, um papel muito grande como elevado princípio de liderança, que é muitas vezes formulado de maneira muito abstrata nas empresas e, por isso, não produz nenhuma mudança concreta.

Do ponto de vista de muitas consultas, quero, ademais, apontar para um fenômeno cujas consequências amiúde não são consideradas sobriamente. Para isso, seja-me permitido estabelecer uma fórmula: o aumento do número de subordinados imediatos leva a uma diminuição do tempo para o trabalho objetivo.

Você considera isso demasiado abrangente? Com 15 ou mais colaboradores, você pode, segundo minha percepção, voltar-se para duas direções fundamentais: durante o restante do tempo de trabalho de seus colaboradores, ou você está continuamente acessível, ou sua liderança ativa é substituída por processos informais na própria dinâmica destes.

Dito de outra maneira: ou você se ocupa com o que é mais importante na gestão de pessoal, ou mui rapidamente você será superado, ficará sozinho e, em minha opinião, finalmente se tornará supérfluo para seus colaboradores. Alternativamente, surge a paralisação ou "cada um faz o que quer, ninguém faz o que deve e todos fazem de conta". O recurso "cc" com certeza lhe entregará, em seguida, um dilúvio de mensagens eletrônicas impossível de ler, mas não o levará a uma posição melhor nem lhe permitirá agir de modo mais soberano.

Portanto, como destacado executivo, para uma ocupação substancial com os conteúdos técnicos de sua função, restam-lhe apenas as primeiras horas da manhã ou as horas tardias da noite. Mas talvez você (já) não quisesse exatamente isso?

Ou então suponhamos que você escute, há anos, todas as reivindicações de seus colaboradores – grandes e pequenas, profissionais e privadas: Você acha que essa função é tão interessante quanto antes?

Mas, estranhamente, no caso de uma transferência ou de uma mudança de posto de trabalho, apenas poucos se apresentam com a alegação de reduzir o número de subordinados imediatos. A que se deve isso?

Ora, se você, de todo o coração, sente alegria na gestão de pessoas em toda a sua diversidade, com todas as suas diferenciadas motivações, em cada uma de suas fases da vida ou situações vitais, e, nisso, ainda se ocupa com prazer de outras gerações, provavelmente você é aquele executivo que desejaria para si a maioria dos funcionários. Apesar disso, aconselho-o a refletir ainda sobre os seguintes motivos:

Em primeiro lugar, na opinião pública, na família e na parentela, junto aos amigos e vizinhos, o número de funcionários é um sinal de *status* da posição profissional.

Em segundo lugar, muitos subordinados significam muito poder – o fascínio por esse poder é negado de boa vontade e mantido com igual boa vontade. O fato de que possivelmente muitos "fazem o que lhes é mandado", e a consciência de "levar vantagem", produzem, conforme o caso, uma inebriante forma de autoafirmação.

Em terceiro lugar, a gestão de pessoas dá ao responsável a consciência de ser útil – uma necessidade elementar da maioria das pessoas. Perante independência econômica do cônjuge, bastante comum hoje em dia, essa sensação nem sempre é satisfeita na esfera privada.

Caso você devesse "realmente" ter o desejo de dedicar-se (de novo) mais intensamente à sua área de especialização, então reflita cuidadosamente, por favor, sobre qual a importância que a gestão de pessoas de fato tem para você e que "sacrifício" você faz para isso.

Anteriormente, falei bem conscientemente de "subordinados imediatos" – quem tem a oportunidade de deixar o primeiro nível de gestão "para cima", eventualmente pode resolver o problema de maneira particularmente elegante: os chefes que lhe são subordinados assumem, depois, uma considerável parte do trabalho diário de gestão de pessoal – desde que eles não lidem com as mesmas reflexões que seu chefe...

Posso ainda falar-lhe a respeito de uma coisa? Caso você não se decida pela autossuficiência, com bastante certeza você terá uma chefa ou um chefe, independentemente de se você talvez estremeça à lembrança da última ou do último.

De um lado, constato que diversas pessoas mencionam como critério essencial para um bom posto de trabalho um alto grau de liberdade de espaço e de criação. Por outro lado, muitos me dizem que gostam absolutamente de ter objetivos *claros* e gostariam de saber o que se espera deles (e, a depender das condições, para o que serão recompensados). E com isso, em princípio, aceitam e até mesmo buscam liderança. Portanto, não é assim que em cada empregado dormite um autônomo que só espera poder livrar-se do domínio de um superior.

Segundo minha observação, o desejo de previsibilidade e de sinceridade, em todo caso, desempenha um papel mais importante do que o tão citado "dar rédea larga". Um empregado que percebe que não há interesse no progresso de seu trabalho, dificilmente se alegra por não ser "controlado", no sentido de não ser "levado a sério". Ele tem, antes, a impressão de que seu trabalho não é suficientemente importante, de que, em caso de dúvida, a firma prossegue sem sua contribuição. Nisso é que ele mede sua importância para a empresa.

Delegar, portanto, não pode significar jogar sobre os colaboradores tudo aquilo de que se quer livrar. Os empregados sentem mui precisamente se deveras receberam tarefas, competências e responsabilidades, ou, talvez, apenas ocupações secundárias, toda a responsabilidade, mas nenhuma competência. E parecerão inferiores, quando são responsabilizados por todas as falhas, enquanto o chefe cola todos os sucessos na própria lapela.

Se você, neste capítulo, é também desafiado a preocupar-se com os superiores mais desejáveis, considere, por favor, que não se trata de superiores "ideais", mas da imagem de uma personalidade com a ponderação adequada das características essenciais que existem em você. Um chefe previsível, com arestas e ângulos, em comparação com um que é escorregadio artista da comunicação, pode ser um alívio.

Quando penso em ser líder, o que me motiva?

E qual seria o superior ideal para mim?

20

OLHAR PARA FRENTE

ENTRE CONTINUIDADE E REORIENTAÇÃO

Stefan Müller

De onde vem a ideia de, de repente, querer fazer algo "completamente diferente"? Já fizemos anteriormente esta pergunta no contexto da reflexão a respeito de como desejos e necessidades estão ligados entre si.

Você já sabe e muitas vezes experimentou que, para algumas atividades, você traz consigo alguns pressupostos especialmente bons; para outras, porém, deve esforçar-se bastante. Isto, porém, não diminui de forma alguma a validade do provérbio: "Querer é poder" [orig. "Onde existe vontade, existe um caminho"].

Por certo, não é à toa que se fala da "força de vontade", ou seja, fazer algo em circunstâncias desfavoráveis exige correspondentemente mais empenho.

Felizmente, também refletimos sobre sua maneira de trabalhar e sua intensidade de trabalho, sua tolerância à frustração e seu comportamento nas adversidades e problemas. Agora esses conhecimentos se revertem em favor das perguntas orientadoras centrais:

- Continuar *exatamente* como antes ou
- Continuar com leve *correção* de rumo ou
- *Novos* caminhos com metas semelhantes ou
- *Novos* caminhos para uma *nova* meta?

A fim de responder a essas perguntas, inicialmente é indispensável uma análise dos fatores de influência sobre a descoberta da meta profissional. Uma visão geral das páginas subsequentes mostra que muitíssimas "variáveis de controle" influenciam nesse processo. Cada pessoa deverá aceitar alguns desses fatores como *status quo*, cada uma está sujeita a determinadas restrições.

Quando o Apóstolo Paulo, em seu zelo, por três vezes expressou diante de Deus o desejo de ser libertado de seu "espinho na carne", ou seja, de uma limitação em sua saúde e, com isso, uma restrição em suas possibilidades de ação, ele recebeu uma resposta humanamente bastante decepcionante: "Basta-te a minha graça; pois é na fraqueza que a força se realiza plenamente" (cf. 2Cor 12,8-9).

Para cada um de nós é reconfortante saber que também o outro não dispõe de força e de capacidade de ação ilimitadas, mas não nos agrada precisamente ser "limitados" em nós mesmos.

A isso, acrescenta-se um esforço antigo e persistente de diversas pessoas por liberdade de ação, a qual, porém, traz consigo ainda um conhecimento completamente diferente: sempre que expandimos a margem de manobra em um lugar, voltamos a encolhê-la em outro.

Um exemplo disso é o já mencionado esforço de muitos por uma atividade autônoma: frequentemente, isto é um reflexo de experiências ruins ou de paternalismo no último emprego. Com efeito, inicialmente o autônomo ganhou um pouco de liberdade de ação; ao mesmo tempo, porém, mais riscos existenciais do que um empregado e, a depender do caso, bem menos apoio social.

Ele já não recebe o trabalho definido, mas, sozinho, é inteiramente responsável por fazer com que seus clientes se interessem por seus produtos ou por suas prestações de serviço, e comprar dele ou reservar com ele. Alguns logo acordaram de todos os sonhos quando se confrontaram com a realidade da assim denominada "chamada fria", e tiveram de telefonar cinquenta vezes para uma única reunião.

Já não deve "prestar contas" a ninguém – e constata (muitas vezes dolorosamente) que, de repente, ele deve encarar uma contabilidade organizada, da qual, na antiga empresa, "outra pessoa qualquer" se ocupou.

Cada um de nós, portanto, está sujeito a outros parâmetros, e acima de tudo: cada um de nós, por si mesmo, determina as possibilidades a serem realizadas e quais consequências está disposto a aceitar. Tudo tem um preço...

Às (poucas) condições gerais inalteráveis de nossa vida, acrescentam-se muitas limitações que nos impomos a nós mesmos. Para o aperfeiçoamento da definição da meta profissional, portanto, a regra suprema é verificar exatamente a importância de cada fator de influência e definir um arco dentro do qual se possa e se deva variar. Desse modo, aos poucos surge um diagrama (com a palavra, o gráfico de setores ou gráfico de *pizza* da teoria dos conjuntos), cuja interseção apresenta suas metas possíveis.

Somente agora você está em condições de colocar lado a lado considerações objetivas e componentes emocionais. Digo mui conscientemente "lado a lado"! Afinal, há muito tempo sabemos que as influências emocionais têm uma força imensa, tanto força impulsora quanto força explosiva. Com isso, fica claro também que a exigência que se prefere fazer aos outros – "Agora, vamos considerar o assunto de modo bem objetivo" – não é plenamente satisfeita e, no final das contas, tampouco é, de maneira nenhuma, "razoável". Por fim, nossos sentimentos são um indicador para a pergunta a respeito de em quais situações, com que ocupações, em que atmosfera humana você se encontra a lidar!

Por isso, nossa razão não deveria jamais persuadir nossa emoção de uma atividade ou de uma relação de trabalho contra as quais nossa alma, já de antemão, envia sinais de alerta.

A lista seguinte de fatores que influenciam sua definição de meta deve incentivá-lo a refletir a respeito de quais fatores são importantes para você e qual é arco inerente de possibilidades e limites.

Para isso, eis igualmente alguns exemplos para sua orientação:

■ Você interrompeu uma qualificação e agora percebe que, com isso, muitas portas permanecem fechadas para você. Talvez você possa recuperar algo?

■ Ou talvez você tenha consciência de que deveria absolutamente saber melhor o inglês. Então isso seria uma contribuição para o fator "formação permanente".

■ Ou você percebe que, diante do passo para a liderança, deveria ainda conseguir mais experiência profissional. Para isso, pois, seria necessário um passo intermediário. E assim por diante.

A enumeração não tem a pretensão de ser completa; eventualmente, você se ocupa com fatores bem (mais) diferentes do que os mencionados, ou alguns (já) não lhe são importantes. – Por favor, observe as sugestões para o preenchimento desta lista.

Fatores de influência na definição de metas

- Formação.
- Formação permanente.
- Experiência profissional.
- Habilidades/conhecimentos essenciais.
- Experiência de liderança.
- Posição atual.
- Posição desejada no curto prazo.
- Posição desejada no longo prazo.
- Preferências familiares.
- Situação financeira da empresa.
- Situação (do ramo de comércio).
- Imagem da empresa.
- Nível salarial atual com benefícios adicionais.
- Nível salarial desejado com benefícios adicionais.
- Relatório atual.
- Relatório anterior.
- Justificativa de uma saída.
- Condição física.

- Condição psíquica.
- Situação financeira pessoal.
- Preferências regionais.
- Infraestrutura regional.

Em primeiro lugar, organize segundo prioridades. Em seguida, defina para cada ponto:

- O *status* do momento.
- Decida se *é possível uma mudança*.

Se um fator for relevante para você, determine agora

- O *ótimo*.
- O *requisito mínimo*.
- E o que você considera *indiscutível*.

Com esse registro sistemático, você dispõe de um modelo de decisão confiável em cada nova situação e, correspondentemente, para cada nova proposta.

Juntamente com um acompanhamento profissional, procure encontrar possivelmente compromissos melhores ou alternativas completamente novas que virtualmente suavizem contrastes insuperáveis.

Por favor, permita-nos aqui ainda uma observação:

Reflita precisamente se uma mudança de região, ou seja, um lugar de trabalho mais distante de sua residência, é, de fato, absolutamente impossível. Com muita frequência, vemos que essa limitação no decurso de um processo de mudança em favor de um número maior de alternativas é revisada, ou seja, deve ser eliminada em razão da falta de propostas na vizinhança.

Seria uma pena, pois, que, já de antemão, os melhores lugares fossem rejeitados. Pense nisso: no mundo existem lugares ainda mais atraentes do que (apenas) aquele em que você reside.

Fator de influência ....

Status ....

....

....

....

Possível mudança?   Não ☐   Sim ☐

Ótimo ....

....

....

....

Requisito mínimo ....

....

....

....

Fator de influência ....

Status ....

....

....

....

Possível mudança?　　　　Não ☐　　　　Sim ☐

Ótimo ....

....

....

....

Requisito mínimo ....

....

....

....

Fator de influência ....

Status ....

....

....

....

Possível mudança?　　　　　　Não ☐　　　　Sim ☐

Ótimo ....

....

....

....

Requisito mínimo ....

....

....

....

Fator de influência ....

Status ....

....

....

....

Possível mudança?   Não ☐   Sim ☐

Ótimo ....

....

....

....

Requisito mínimo ....

....

....

....

Fator de influência ....

Status ....

....

....

....

Possível mudança? Não ☐ Sim ☐

Ótimo ....

....

....

....

Requisito mínimo ....

....

....

....

Fator de influência ....

Status ....

....

....

....

Possível mudança? Não ☐ Sim ☐

Ótimo ....

....

....

....

Requisito mínimo ....

....

....

....

Fator de influência ....

Status ....

....

....

....

Possível mudança?   Não ☐ Sim ☐

Ótimo ....

....

....

....

Requisito mínimo ....

....

....

....

Fator de influência ....

Status ....

....

....

....

Possível mudança?   Não ☐   Sim ☐

Ótimo ....

....

....

....

Requisito mínimo ....

....

....

....

21
ORIENTAÇÃO E ORAÇÃO

Anselm Grün

Quem quiser reorientar seu compromisso profissional, faz bem levar em consideração todos os fatores que Stefan Müller propôs para reflexão. Contudo, é igualmente importante apresentar a Deus, na oração, o problema da reorientação. Ao agir assim, não quer dizer que Deus me dê uma resposta imediata, que seria para mim o caminho certo. Ao contrário, coloco-me em silêncio diante de Deus e apresento-lhe minha vida, juntamente com o que estou fazendo agora, com meu desejo em relação ao futuro, com os sonhos de minha vida, com minhas esperanças e minhas dúvidas. Então pergunto a Deus: "O que o senhor me diz a esse respeito? Qual é sua vontade? Deus não responderá à minha pergunta de tal modo que eu escute uma voz. No entanto, quando apresento a Deus minhas reflexões, emergem do meu íntimo pensamentos e sentimentos. Justamente, pois, quando paro a fim de ponderar o que agora realmente é o melhor para mim, quando simplesmente apresento a Deus meu futuro, muitas vezes me vêm ideias a respeito do que eu poderia fazer e o que seria conveniente para mim. A oração é frequentemente um espaço de soluções criativas, pois ali não reflito sozinho, mas coloco meus pensamentos no Espírito de Deus, e o Espírito de Deus é sempre um Espírito criativo.

No silêncio, diante de Deus, deixo simplesmente virem à tona os sentimentos e pensamentos, sem colocar-me sob pressão. No começo, talvez sejam pensamentos e sentimentos confusos e desordenados. Simplesmente deixo que surjam em mim. Depois de algum tempo, porém, tento observar e questionar os pensamentos e os sentimentos. Quais pensamentos produzem em mim paz, vivacidade, amplitude e liberdade? E, em sentido inverso, quais pensamentos produzem em mim medo, ou estreiteza, ou opressão? A tradição espiritual fala do discernimento dos espíritos. Devemos examinar nossos pensamentos e sentimentos para ver se eles são de Deus ou se provêm dos demônios, ou se são oriundos de nós mesmos. Psicologicamente, hoje nós expressaríamos isso de maneira diferente. Procuremos verificar se os pensamentos correspondem à nossa natureza ou se têm origem no próprio superego. Pensamentos que provêm de Deus produzem em nós paz, vivacidade, entusiasmo, amplidão, liberdade e amor. Pensamentos que o superego nos impõe produzem em nós medo e estreiteza. Colocam-nos sob pressão, deixam-nos interiormente tensos. Às vezes, quiçá não experimentamos nem paz nem estreiteza. Então, concedamo-nos o tempo para continuar a refletir sobre as diversas possibilidades que existem em nós, sem colocar-nos sob pressão. Pensamentos que se originam em nós mesmos não são vinculativos. Vamos, por assim dizer, passear com nossos pensamentos, vagueando aqui e ali, sem meta específica. Não nos fixemos. Os pensamentos surgem em nós, mas não pensamos conscientemente. Nós próprios não dirigimos o pensar, mas somos guiados por nossos pensamentos, muitas vezes conduzidos para longe, para o não compromisso, distantes de nós mesmos. Somos alienados de nosso verdadeiro eu.

Uma maneira de oração é também pintar, diante de si, perante Deus, as diversas alternativas. Ponho-me a imaginar como as coisas seriam dentro de cinco ou de dez anos, caso assumisse tal posto de trabalho. O que poderia acontecer? Como me sentiria? Que imagens surgem dentro de mim? Em seguida, imagino as demais alternativas, pintando-as em minha fantasia como tudo seria no prazo de cinco ou dez anos. Muitos se detêm em suas elucubrações diante da decisão. Não tomam a decisão. A oração ajuda-me a tomar a decisão e a observar diante de Deus os sentimentos que me acometem e, depois, compará-los entre si. A alternativa que despertar em mim maior paz, vitalidade, liberdade, amplidão e amor deve ter minha preferência. A oração ajuda-nos a diferençar entre o que corresponde à nossa natureza e o que vai de encontro ao nosso ser interior.

Ainda outro aspecto se torna importante na oração. Peço a Deus a bênção para meu caminho. Muitas vezes não conseguimos decidir o que produz em nós mais paz e vitalidade, que caminho é deveras certo para nós. Quando coloco meu caminho sob a bênção de Deus, cresce em mim a confiança de que meu caminho segue na boa direção. Precisamente quando me encontro diante de decisões importantes, peço a Deus que me abençoe, pois nossas reflexões não são nenhuma garantia de que nosso caminho realmente terá bom êxito e corresponde à nossa natureza. Depende sempre da bênção de Deus. Devo refletir a respeito de tudo o que foi proposto neste livro; ao mesmo tempo, porém, devo pedir a bênção de Deus para que minhas reflexões sejam acompanhadas por sua bênção, para que o caminho que eu gostaria de tomar esteja sob sua bênção.

A oração na qual se pede a bênção de Deus é importante também antes das entrevistas de trabalho. Antes de uma entrevista de emprego, muitos quebram a cabeça pensando em como podem passar uma boa impressão. É bom pensar sobriamente sobre o que é preciso para uma boa entrevista. O perigo, no entanto, está em que eu fique tenso à força de tantas reflexões. Certo jovem contou-me que sempre teve as melhores notas na escola; no entanto, fracassou em todas as entrevistas de trabalho. A razão era: ele preocupou-se demasiadamente a respeito de como o outro poderia reagir quando dissesse isso ou aquilo, ou que impressão daria quando fosse interpelado a respeito disso ou daquilo. Tais pensamentos, quase compulsivos, bloquearam-no completamente; já não podia pensar de maneira normal e livre. E, obviamente, suas tensões causaram péssima impressão nos responsáveis pela empresa. Antes da entrevista, é bom pedir a bênção de Deus; depois, vou tranquilo para a entrevista. O interlocutor não é visto como adversário que precisa ser vencido, nem tampouco como uma figura poderosa de quem depende todo o meu destino. Não vou ao encontro dele nem subserviente nem ostentoso, mas com naturalidade. Vejo o outro já como uma pessoa abençoada, e essa consciência de que vou ao encontro de uma pessoa abençoada muda minha visão e minha atitude interior. Vou confiante para a entrevista, na certeza de que, na entrevista, a bênção de Deus envolve a mim e ao entrevistador. A oração que implora a bênção de Deus traz-me tranquilidade. Em tal tranquilidade, uma entrevista pode dar certo. E mesmo que não dê certo, não condeno a mim mesmo e não me censuro. Ao contrário, confio em que meu bom êxito depende da bênção de Deus. Mesmo quando sou reprovado, continuo sob a bênção de Deus, pois confio em que é melhor, para mim, não assumir essa vaga. Encontrarei o posto de trabalho que se tornará uma bênção para mim e que me permitirá ser uma bênção para os outros.

22
DESPEDIDA

Stefan Müller

Chegamos ao fim da determinação de nossa orientação profissional e pessoal. Refletir sobre o ontem, o hoje e o amanhã, eventualmente com um interlocutor neutro, avaliador, é um procedimento que, desde as primeiras definições de rumo, deveríamos assumir como tarefa regular por toda a vida: uma reflexão sobre a última profissão exercida, seu surgimento, seu desenvolvimento até hoje; sobre os motivadores em mudança, sobre as consequências do modo de agir atual, acerca das alternativas e de novas perspectivas.

Para a maioria de nós, a definição exclusiva de um caminho profissional para a vida é, em todo caso, "suplantada" pelo rápido crescimento e mudança do conhecimento, pelos perfis profissionais que vão e vêm e, a cada tempo, pelas recentemente exigidas qualificações técnicas e pessoais.

Apesar de tudo, isso não significa, de maneira nenhuma, simplesmente abandonar o que foi aprendido e vivido. Sempre se tem comprovado o conselho de levar consigo os conhecimentos e as experiências valiosas adquiridos até agora e integrá-los no próximo passo. Rupturas radicais tem a miúdo o caráter de querer separar-se do passado. Isso pode levar a um luto não elaborado que, em algum momento e, fortuitamente, de maneira bem incômoda, voltará a apresentar-se. Nesse caso, a dor do olhar e do adeus conscientes torna-se frequentemente um ferimento maior e, em um momento posterior, de irrupção incontrolável.

Portanto, se você quiser despedir-se de tarefas e/ou ambiente de trabalho habituais, então, por favor, não o faça simplesmente fechando a porta e saindo, nem com um "passo" para trás, tampouco movido pelo sentimento de vingança. Em vez disso, reserve um tempo para registrar tudo o que foi bom e o que contribuiu para seu aprimoramento profissional e pessoal. Faço isso, entretanto, também no final de um ano, com a surpreendente experiência de que mesmo em um ano considerado difícil, muito mais coisas boas e valiosas aconteceram do que eu havia pensado inicialmente.

Tome essa lista, então, como base para sua gratidão. Você deve enviar "para o alto" essa gratidão durante a prece, mas também expressá-la perante as pessoas que lhe fizeram *algo* de bom. Por que a palavra *"algo"* está enfatizada? Porque certamente nem todo o mundo lhe fez apenas o bem, mas com certeza apenas poucas pessoas também lhe fizeram apenas o mal. E também porque você mesmo nem sempre agiu e reagiu corretamente; por isso, o perdão faz parte.

Como diz Jesus, depois que Ele ensinou o "Pai-nosso": "De fato, se vós perdoardes aos outros as suas faltas, vosso Pai que está nos céus também vos perdoará. Mas, se vós não perdoardes aos outros, vosso Pai também não perdoará as vossas faltas" (Mt 6,14-15). Isto não é simplesmente uma "regra cristã". É uma recomendação fundamental para trazer a paz na própria alma. Em cada queixa contra o chefe atual, contra os colegas ou colaboradores ressoa sempre também uma autoincriminação por não ter reconhecido algo no tempo devido, por ter-se decidido mal na ocasião, e assim por diante.

Caso você tenha decidido um "mais-do-mesmo" em sua atividade profissional, que o seja precisamente com nova segurança e nova autoconsciência. Uma correção de rumo aqui e ali, mais autopercepção, outro olhar em relação aos diretores, colegas ou colaboradores e uma nova atitude para com o próprio trabalho, tudo isso pode fortalecer ainda mais seu sucesso.

No caso em que você queira mudar de direção, então, por favor, em cada um dos passos para a nova meta, considere sempre de novo todos os fatores que influenciam (deveriam influenciar) suas decisões. Uma nova perspectiva muitas vezes estimula enormemente, mas também comporta o perigo de uma euforia que, de início, nos torna cegos para os aspectos críticos. Muitas vezes percebemos que as pessoas lidam com uma nova perspectiva profissional como o fariam com o primeiro amor. Devido ao grande entusiasmo pelo novo, fascinante, desconhecido, no caso de uma oferta de emprego, não por último diante das descrições promissores do entrevistador que tenta atraí-las, parece não haver nada melhor do que partir exatamente para essa "nova margem". A crescente carência de profissionais e de líderes – pelo menos na Europa Central e no norte da Europa – contribui para que se procure sempre mais ansiosamente atrair empregados e, para isso, por todos os meios, são usadas também belas imagens, mensagens e chamarizes. Portanto, sempre vale a pena fazer perguntas cuidadosas e uma observação precisa.

Contudo, existe ainda outro aspecto que precisa de uma atenção especial de sua parte. Talvez você conheça o fenômeno que se dá quando, em seu círculo de conhecidos, amigos ou parentes, casais que anteriormente viveram juntos por um tempo relativamente longo se separam: para eles, fica evidente que, em todo caso, não houve tanta compatibilidade entre os dois, que teria havido divergências, que, estranhamente, o cônjuge havia mudado muito, e assim por diante. Algum tempo depois, de ambos os lados são-lhes apresentados os novos parceiros, e você mal consegue acreditar em seus olhos e em sua percepção: ambos "fisgaram" uma cópia do antigo cônjuge. O mesmo modelo, o mesmo tipo, às vezes até mesmo um perfil profissional semelhante, e você pensa com seus botões que os cônjuges anteriores, nestas circunstâncias, poderiam igualmente ter permanecido juntos. Espera-se que alguns, na nova parceria, finalmente tratem dos temas que eles reprimiram (em si) na experiência anterior.

Fenômeno semelhante encontramos frequentemente na mudança profissional quando as fases anteriores eram conflituosas ou malograram completamente. Como para provar que não poderia ter sido *minha culpa*, no processo de reorientação muitos apelam magicamente para a mesma constelação de trabalho, para um caráter de chefe igual, para estruturas de equipe semelhantes e assim por diante. E depois de uma fase de fascínio do novo e de aproximação, experimentam novamente comportamentos bem conhecidos em si e no novo ambiente. Para muitos, no caso, seria útil um exercício da comunicação "transparente" ou "pacífica": sempre que estou junto do outro, sempre que ali busco a razão dos problemas, dos mal-entendidos e dos conflitos, eu deveria primeiramente recolher-me em meu lar interior e perguntar-me que marcas, experiências ou ofensas são tocadas, por que, em determinadas situações, sinto-me agredido ou desprezado. Para esse exame, vale a pena o olhar cuidadoso sobre as experiências feitas até agora e uma honesta reavaliação do seu próprio mundo. Somente então o olhar estará livre para o próximo passo; somente nesse momento evito equívocos repetitivos, reconheço mais rapidamente a intenção real do outro, mas estou também, conforme o caso, em condições de lidar mais atenta e cuidadosamente com imagens (aparentemente) conhecidas.

Muitas vezes fazemos aos nossos clientes a pergunta (gramaticalmente não isenta de objeções, mas facilmente compreensível): "Está indo ou fugindo?" Formulado diferentemente: No presente momento, você está (apenas) em fuga ou a caminho de uma nova meta?

Após essa orientação profissional e pessoal, você deverá ter uma resposta clara para essas perguntas. Se ainda não é o caso, nós lhe pedimos retornar uma vez mais àqueles capítulos que até agora, talvez, você não tenha tratado de modo suficientemente intensivo e autocrítico, e continuar a trabalhar neles.

Quando você, posteriormente, dirigir entrevistas com potenciais futuros parceiros, superiores, colegas e colaboradores (altamente recomendados), você já não reprimirá os pequenos sinais ocultos, as percepções críticas, as observações e os sentimentos ("razão à alma: tranquilize-se!"), mas levará a sério de modo especial e agirá de maneira consequente. Você interrogará o tempo que for necessário até que tenha conseguido uma resposta plenamente satisfatória para tudo, ou perceba que o problema está justamente no descontentamento de seu interlocutor.

Muitos candidatos não vêm para a entrevista de igual para igual com seu interlocutor porque não têm nenhuma opinião própria clara, porque não responderam às perguntas: "Quem sou eu?", "O que posso?" e "O que quero?" Em vez disso, assumem uma postura encurvada ("Por favor, contrate-me") e conseguem justamente que seus interesses e necessidades fiquem para trás. Não vivenciam nenhum diálogo, mas uma investigação; são interrogados e, no final, talvez com um olhar para o relógio, ouvem a frase: "Você tem *ainda alguma* pergunta?", embora até agora você não tenha sido indagado e, de fato, no momento, tivesse uma porção de coisas em mente.

Aqui estão as raízes de decepções futuras. Um exemplo a propósito: clientes descrevem-nos repetidamente entrevistas em empresas de família nas quais eles têm um encontro apenas com um membro ou com um dos sócios da companhia ou com um dos diretores, embora a responsabilidade repouse formalmente sobre diversos ombros. Quando perguntam sobre as demais pessoas ou solicitam conversas com elas, esse pedido é descartado com uma desculpa qualquer. Nisso já poderia estar o começo do fim para quem vem de fora: ser colocado entre as pedras de moinho de família ou perceber, de repente, como os membros da família, na realidade rivalizados, batem em retirada unidos quando podem responsabilizar por uma falha alguém que não pertence à família, é uma experiência bastante dolorosa.

Ainda que o interlocutor responda evasivamente, ainda que as responsabilidades não estejam reguladas ou não tenham sido mencionadas, aconselha-se a máxima atenção. Em princípio, toda falta de clareza e todo tema não discutido tornar-se-ão problema mais tarde.

Por favor, depois de análise tão aprofundada, permaneça coerente com sua orientação profissional. Sempre que você estiver diante de uma oferta de trabalho ou diante de uma tarefa, você deveria retornar a seus conhecimentos a respeito dessa orientação. Verifique, por favor, com toda exatidão, se essa perspectiva profissional se harmoniza com suas constatações, que concessões eventualmente você deveria fazer e quais seriam as consequências; se você por acaso ultrapassaria limites autoimpostos ou se seria desleal consigo mesmo.

Para muitas pessoas, a incerteza é uma circunstância difícil de suportar. Em tais fases, corre-se especialmente o risco de eliminar essa circunstância mediante um compromisso apressado, possivelmente não bem pensado, com a primeira oferta disponível. A supressão da "pequena dor" da incerteza vai transformar-se na "grande dor" da decisão errada, que vem acompanhada de decepções e de retrocessos profissionais. Tais etapas (falhas) são desmotivadoras e fazem com que muitos duvidem de si mesmos. No mercado de trabalho, ademais, dificilmente são explicáveis, o que não torna mais fácil a correção delas.

Se, porém, todas as perguntas foram respondidas positivamente e você experimenta uma boa sensação geral, então, por favor, tome uma clara decisão e permaneça nela. Quem fica sempre a ponderar se talvez não poderia ainda existir (ou se não haveria) uma alternativa melhor e, em pensamento, não chega completamente à sua nova meta, jamais pode investir todas as suas capacidades, pois sempre resta uma distância emocional. Posteriormente, isso será sentido por chefes, colegas e colaboradores, bem como por parceiros de negócios e clientes.

Retrocessos acontecem com todo o mundo, em cada nova atividade, em novas tarefas e em novos relacionamentos interpessoais. Uma clara postura interior, porém, no final, leva a uma resiliência adequada, portanto, a uma capacidade de resistência perante as perturbações e a uma estabilidade nos demais altos e baixos do cotidiano profissional.

Tornar-se fiel e permanecer fiel a si mesmo é o pressuposto mais importante para um caminho profissional bem-sucedido. Contudo, não se trata de imobilidade e de inércia em um ambiente em mudança. Antes, trata-se de conhecer a própria personalidade, de explorar suas possibilidades, mas também de respeitar seus limites e, dessa forma, "ser a pessoa certa, no tempo certo, no lugar certo".

Em todo caso, desejamos-lhe contínua satisfação profissional e pessoal.

23

REORIENTAÇÃO

Anselm Grün

Toda pessoa precisa, de tempos em tempos, reorientar-se. A palavra "orientar" vem do "Oriente", do leste, do lugar onde o sol nasce. Eu gostaria, portanto, de certificar-me o lugar onde o sol se levanta. Isto é não só importante a fim de que eu encontre meu caminho, para que eu me oriente em meu caminho, mas também é uma bela imagem para cada reorientação. Gostaria que o sol voltasse a levantar-se sobre minha vida, que minha vida se tornasse mais iluminada e mais clara, que nela entrasse nova esperança, novo calor, novo amor. Onde o sol se levanta, irrompe um novo dia, brotam novas possibilidades em minha vida.

Alguns acham que bastaria decidir-se uma vez por todas por uma profissão e por uma direção na vida. Certamente é bom conferir à própria vida uma direção mediante uma clara decisão. Todavia, ao longo do caminho, muitas vezes nos afastamos daquilo que de fato queríamos alcançar com nossa decisão. A decisão quer ajudar-nos a realizar o sonho de nossa vida, mas, às vezes, temos a impressão de que ainda nem compreendemos nem realizamos plenamente o sonho original de nossa vida. No sonho de nossa vida existem potencialidades que ainda não foram destacadas. Pensamos realizar os sonhos de nossa vida com essa profissão, nessa empresa, mas nos damos conta de que algo mais se esconde em nosso sonho de vida.

O decisivo é que nós, em cada reorientação, sempre de novo voltemos à origem: O que desejo verdadeiramente na vida? Que rastro gostaria de imprimir neste mundo? Qual era o sonho de minha vida, acalentado desde a infância? Já realizei esse sonho? Ou ele exige uma reorientação? Em toda reorientação, é preciso, apesar de tudo, um fio condutor, uma continuidade interior. A forma exterior do sonho da vida pode quebrar-se, na medida em que, por exemplo, não posso continuar a exercer esta profissão ou continuar a trabalhar neste lugar. No entanto, a essência do sonho da vida não pode despedaçar-se. E quando tenho a sensação de que minha vida chegou à estagnação, trata-se de um convite a verificar qual é, pois, a essência do sonho de minha vida. O que eu gostaria realmente de realizar em minha vida?

Stefan Müller encorajou-o a perseverar na decisão que você tomou. Gostaria de sublinhar isso. Conheço muitas pessoas que não conseguem decidir-se, e, quando o fazem, ponderam constantemente se não teria sido melhor ter-se decidido diferentemente. Não existe, porém, nenhuma decisão absolutamente correta. Tomás de Aquino, teólogo e filósofo medieval, afirma que haveria apenas decisões inteligentes.

Inteligentes são as decisões que abrem novo horizonte, mas cada decisão **por** algo é sempre também uma decisão **contra** algo. E isso, não importa pelo que eu tenha me decidido, devo enlutar-me. Devo despedir-me da ideia de poder agora seguir esse caminho. Somente quando me enluto pelo que foi recusado é que posso, de todo o coração, seguir o caminho pelo qual me decidi.

Muitos, porém, não se enlutam pela possibilidade que se evadiu, mas lamentam-na, e o lamento paralisa-as no caminho. Diz Jesus: "Quem põe a mão no arado e olha para trás, não está apto para o Reino de Deus" (Lc 9,62). Aquele que olha constantemente para trás não está aberto para aquilo por que se decidiu. Seu arado vai entortar-se mediante o olhar para trás, e ele não progredirá realmente. No campo de sua alma não crescerá nenhum fruto. O olhar para trás impede o fruto que nossa vida deveria produzir.

Jesus diz essa palavra a respeito do olhar para trás a um jovem que até queria segui-lo, mas primeiro queria despedir-se de sua família. Ele queria seguir seu caminho pessoal; ao mesmo tempo, porém, queria que todos o aprovassem. Se sigo o Jesus que está em mim, se sigo minha voz interior, meu coração, então não posso querer, ao mesmo tempo, que todos aplaudam minha decisão. Minha decisão sempre me leva à solidão. No final das contas, devo – apesar de todo conselho e acompanhamento dos outros – tomar minha decisão diante de Deus e, depois, confiar que Deus abençoa tal decisão.

Assim, desejo-lhe a coragem para a decisão e, em seguida, a confiança em que tal decisão o conduzirá a novas possibilidades e se tornará uma bênção para você. Peça a Deus a bênção para sua decisão; desse modo, esse caminho tornar-se-á uma bênção para você, ainda que ele o conduza por alguns vales e desfiladeiros. E, ao longo desse caminho, você mesmo se tornará uma bênção para muitos.

Não desperdice sua vida!
Anselm Grün

"Não desperdice sua vida" é uma ótima opção de presente de Natal. Todo o projeto gráfico foi pensado e desenvolvido para que a obra seja uma opção de presente para os que amamos.

Nos últimos tempos, cada vez mais pessoas deixam a vida passar, segundo Anselm Grün. Tentando garantir-se para todos os lados, elas ficam paradas. E são, sobretudo, as pessoas jovens que passam a impressão de estarem desperdiçando a vida. Não há paixão em viver, mas certo medo: tudo está tão difícil. Falta a coragem de iniciar algo novo.

Grün escreveu esse livro buscando auxiliar o leitor a descobrir caminhos para assumir as rédeas de sua vida, a entrar em contato com sua própria força, descobrir em si o desejo de ousar a vida em vez de desperdiçá-la. E, dessa forma, despertar a esperança de uma vida plena e bem-sucedida, de uma vida de amor e entrega e de uma vida que nos liberta da necessidade de girar em torno de nós mesmos.

Anselm Grün, OSB, *é doutor em Teologia e monge beneditino. Vive na Abadia de Münsterschwarzach (Alemanha) onde, por muitos anos, exerceu a função de ecônomo e administrador. Tornou-se um dos autores católicos mais lidos atualmente, tendo escrito dezenas de livros, traduzidos e publicados em todo o mundo. Inspira-se na tradição monástica e cristã, e recorre também à psicologia e às demais ciências para ajudar as pessoas a compreender melhor as questões da fé e da espiritualidade, e sua relação com a vida diária, social e familiar. Tem a habilidade de falar com clareza e expressar aquilo que muitos não conseguem formular em palavras. No Brasil, diversas de suas obras foram publicadas pela Editora Vozes.*

Valorização pessoal e profissional
O poder inspirador do reconhecimento
Anselm Grün e Paul Ch. Donders

A valorização do ser humano é um fator básico da vida, indispensável no convívio entre pessoas, tanto no espaço familiar quanto no ambiente de trabalho. No entanto, no dia a dia, ela costuma ser pouco observada, ou simplesmente esquecida. O procedimento consiste em apreciar e aceitar cada pessoa tal como ela é.

Nesse livro, Anselm Grün e Paul Ch. Donders mostram claramente o quanto a valorização é importante para todos nós e como é simples e espontâneo integrá-la à nossa vida.

Por meio de exemplos comuns e práticos, os autores nos mostram como intensificá-la em nossa vida cotidiana, explicando também o que costuma nos impedir de valorizar os outros. A prática é auxiliada por sugestões concretas e exercícios práticos, apresentados ao longo do livro.

O que os autores pretendem é convidar você, não a refletir sobre a valorização humana, mas a praticá-la. Os pensamentos de Paul Donders e de Anselm Grün se complementam; eles partem de suas respectivas experiências concretas para estimular o leitor a valorizar a si mesmo e a demonstrar seu reconhecimento no valor das pessoas com as quais convive e trabalha.

Segundo os autores, nessa obra eles não trazem grandes novidades, querem apenas lhe falar de coisas que a sua alma já conhece há muito tempo, pois para reencontrar a sabedoria de nossa própria alma, muitas vezes precisamos das palavras de outra pessoa.

Anselm Grün *está entre os mais importantes autores espirituais da atualidade e, por meio de suas conferências e de seus seminários, é um orientador espiritual para muitas pessoas. É formado em Teologia e Administração de Empresas. Como ecônomo da Abadia Beneditina de Münsterschwarzach foi, por mais de 30 anos, responsável por centenas de funcionários nos diversos empreendimentos do mosteiro.*

Paul Ch. Donders *é dirigente da organização de consultoria Xpand International. Como treinador e conferencista, trabalha temas como liderança, visão e plano de vida, com base nos valores cristãos.*

OS SETE PILARES DA FELICIDADE
Virtudes para a vida
Notker Wolf

Em meio a literatura espiritual que surgiu através dos tempos, há um clássico de 1.500 anos com ensinamentos em sua maioria caídos no esquecimento: *a Regra de São Bento*. Observando-a à luz da sabedoria das antigas virtudes, encontraremos coisas surpreendentes, apropriadas para nossa situação atual, para nossa vida pessoal.

O Abade-primaz Notker Wolf nos fala de suas experiências com as virtudes: coragem, justiça, prudência, temperança, fé, amor e esperança. Elas servem como "suportes" da felicidade. Estas sete atitudes contêm algo capaz de dar estabilidade individual e social. São como "colunas", "pilares" que sustentam a felicidade, sobre as quais podemos construir a casa da nossa vida, uma casa sem muros escorregadios, um lugar onde os pássaros também podem se alojar, onde mora a leveza e a alegria de viver.

***Notker Wolf**, OSB, é doutor em Filosofia, nascido em 1940 em Bad Grönenbach im Allgäu. Estudou Filosofia, Teologia e Ciências Naturais em Roma e Munique. Em 1961 entrou para a Abadia Beneditina de St. Ottilien am Ammersee, sendo eleito arquiabade em 1977. Desde 2000 ele é, enquanto abade-primaz da Ordem dos Beneditinos, com sede em Roma, o representante máximo de mais de 800 mosteiros e abadias em todo o mundo. Especialmente importante para ele é a colaboração com países como China e Coreia do Norte e outras religiões. É autor e coeditor de muitas obras de grande sucesso sobre espiritualidade e liderança.*

CULTURAL

Administração
Antropologia
Biografias
Comunicação
Dinâmicas e Jogos
Ecologia e Meio Ambiente
Educação e Pedagogia
Filosofia
História
Letras e Literatura
Obras de referência
Política
Psicologia
Saúde e Nutrição
Serviço Social e Trabalho
Sociologia

CATEQUÉTICO PASTORAL

Catequese
Geral
Crisma
Primeira Eucaristia

Pastoral
Geral
Sacramental
Familiar
Social
Ensino Religioso Escolar

TEOLÓGICO ESPIRITUAL

Biografias
Devocionários
Espiritualidade e Mística
Espiritualidade Mariana
Franciscanismo
Autoconhecimento
Liturgia
Obras de referência
Sagrada Escritura e Livros Apócrifos

Teologia
Bíblica
Histórica
Prática
Sistemática

VOZES NOBILIS

Uma linha editorial especial, com importantes autores, alto valor agregado e qualidade superior.

REVISTAS

Concilium
Estudos Bíblicos
Grande Sinal
REB (Revista Eclesiástica Brasileira)
SEDOC (Serviço de Documentação)

VOZES DE BOLSO

Obras clássicas de Ciências Humanas em formato de bolso.

PRODUTOS SAZONAIS

Folhinha do Sagrado Coração de Jesus
Calendário de mesa do Sagrado Coração de Jesus
Agenda do Sagrado Coração de Jesus
Almanaque Santo Antônio
Agendinha
Diário Vozes
Meditações para o dia a dia
Encontro diário com Deus
Guia Litúrgico

CADASTRE-SE
www.vozes.com.br

EDITORA VOZES LTDA.
Rua Frei Luís, 100 – Centro – Cep 25689-900 – Petrópolis, RJ
Tel.: (24) 2233-9000 – Fax: (24) 2231-4676 – E-mail: vendas@vozes.com.br

UNIDADES NO BRASIL: Belo Horizonte, MG – Brasília, DF – Campinas, SP – Cuiabá, MT
Curitiba, PR – Florianópolis, SC – Fortaleza, CE – Goiânia, GO – Juiz de Fora, MG
Manaus, AM – Petrópolis, RJ – Porto Alegre, RS – Recife, PE – Rio de Janeiro, RJ
Salvador, BA – São Paulo, SP